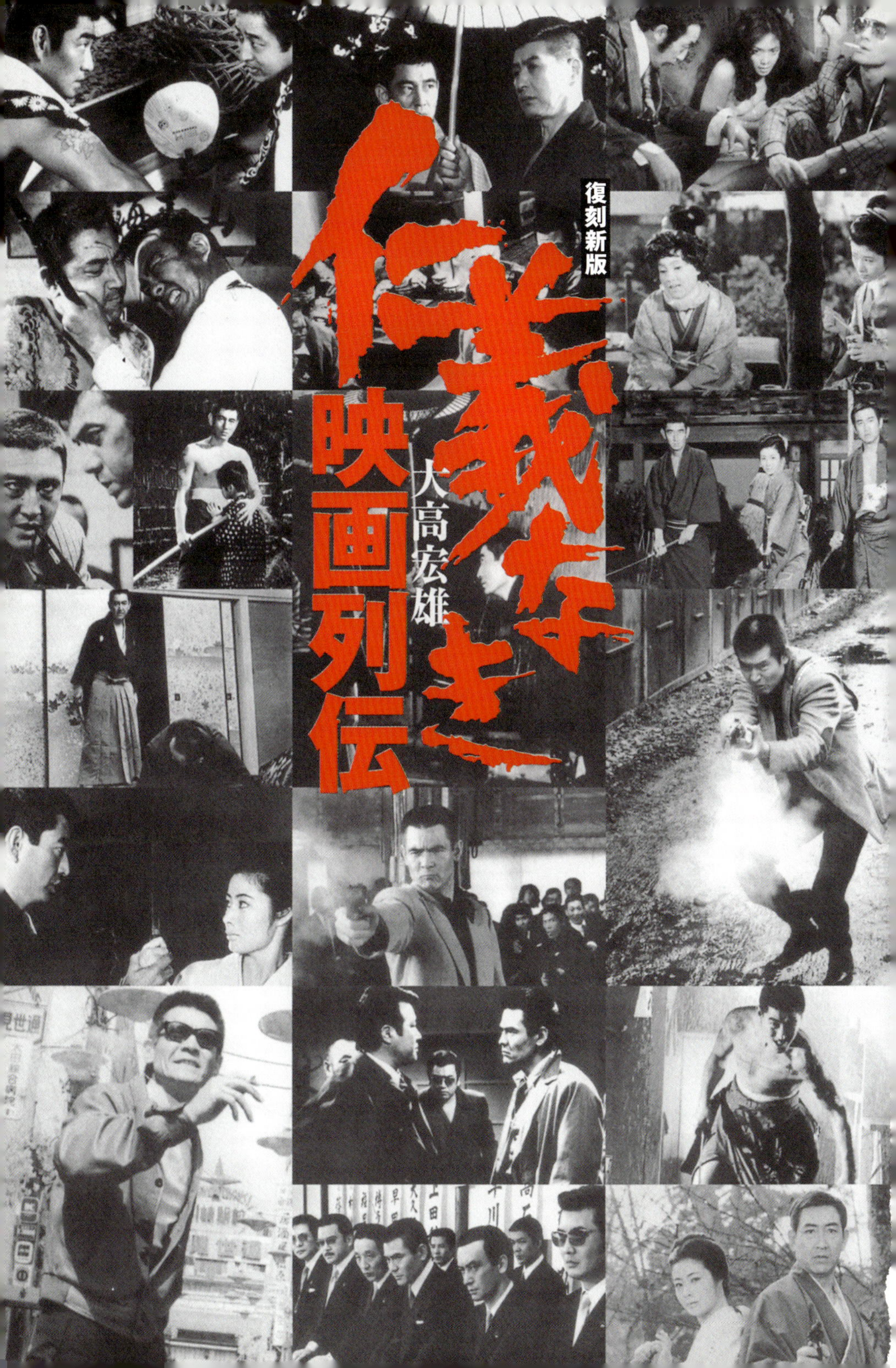

復刻新版

仁義なき映画列伝

大高宏雄

『網走番外地　大雪原の対決』

『網走番外地　大雪原の対決』

『昭和残侠伝　唐獅子牡丹』

『昭和残侠伝　唐獅子牡丹』

『日本侠客伝』

『博奕打ち　総長賭博』

『緋牡丹博徒　一宿一飯』

『博徒外人部隊』

『博徒外人部隊』

『仁義なき戦い』

『仁義なき戦い』

『仁義の墓場』

［復刻新版］

仁義なき映画列伝

②『仁義なき戦い』以後

仁義なき映画列伝・序章

東映ヤクザ映画を考える時、私はいつも大衆訴求力という言葉を頭に浮かべてきた。〈大衆＝一般の人々〉へ訴えかける力。これが、東映ヤクザ映画には大きく備わっている。どんな東映ヤクザ映画でもいい。傑作と謳われている作品でも、あまり出来の良くない作品でも何でもいいが、そこには共通して大衆訴求力なるものが充満しているのに思いが及ぶ。

大衆訴求力。映画においてこれが特に強調されねばならないのは、映画なるものが大衆娯楽と大きな関わりを持っているからに他ならない。大衆訴求力がなかったら、そもそも映画は成立しない。昔のATGやそれにつながる〝芸術映画〟などはともかくとして、マスの観客を相手にする映画は、大衆訴求力を無視して成立することはない。

だがこの当たり前の原則が、時として全くおざなりにされる。もちろん、何らかの大衆訴求力を信じて映画が製作され、公開されていくのだろうが、結果はそれが全く無視されていたように見えるケースが多い。

大衆訴求力だと見えたものが、結果的にはそうではなかった。信じ難い事態だが、実は大方の映画がこの轍を踏んでしまうのだ。それは、大衆訴求力がはっきりとした形をとるものではないところからきているだろう。時代によって、その在り方が全く違っているとともに、そもそもその内実はまさに大衆そのものに大きく委ねられている。この〝動向〟をつかまえることがとにかく難しい。つまり大衆訴求力はあいまいであるが故に、その実態がつかみにくい。その中で極めて少数の映画がかろうじてそれをつかみ、映画界は何とか現在に到っているという現実があった。

東映ヤクザ映画は、その大衆訴求力を一作品一作品にではなく、路線の中に組み込むことができた。これは日本映画の戦前から続く大きな流れの中で、極めて特殊な事態であったと言わねばならない。五〇年代末をピークとする、日本映画の黄金期のあたりなら、確かに東映時代劇や日活アクションなどの路線が大量に観客を動員していた事実もあっただろう。

ただ東映ヤクザ映画の特殊性は、映画界が斜陽の道を歩み始めた中で、それこそ日本映画最後の路線として強靭な大衆訴求力を獲得したことにあった。それが十年以上続いたこと。他の映画会社が企画の行き詰まりに悪戦苦闘し、観客動員を大幅に落としていく過程で、唯一東映ヤクザ映画のみが安定した興行成績を維持し続けた。おそらくここにこそ、東映ヤクザ映画の尽きぬ魅力の秘密が隠されている。文化論的意味合いからも非常に興味深いのだが、ではいかにして東映ヤクザ映画にその大衆訴求力が備わっていったのか。

東映ヤクザ映画の、特に任侠映画のドラマのパターンは、主人公のヒーローなりヒロインが、耐えに耐えた怒りを爆発させ、縄張りを荒らし、仲間うちを殺した敵を最後にはやっつけるというものである。もちろん、このパターンからはみ出していく作品もあるにはあるが、様々な過程を経て最後に敵を打ち倒すという任侠映画の典型的なこのパターンを、大きく突き崩すということはそんなにない。

ということはつまり、大衆訴求力はこのドラマのパターンの中に大きく潜んでいるのであろう。東映任侠映画のパイオニアであるプロデューサーの俊藤浩滋と映画評論家の山根貞男の共著『任侠映画伝』に、このあたりの事情が触れられている。中で俊藤は、任侠映画の脚本を作るのに絶えず『忠臣蔵』や長谷川伸、子母沢寛などの小説のバリエーションを織り込むことを心がけたという。これは任侠映画のドラマ的な根底に、日本人が連綿と愛し続けてきた物語の祖型が、大きく植え付けられていたことを意味する。

日本映画の出発点そのものに、演劇や大衆文学などの物語の祖型が刻印されていたというのは明らかな映画史的事実であり、そのバリエーションのかなり確信犯的な再現が、東映任侠映画の中で花開いたと言えようか。大衆訴求力とは、そうした物語的な在り方と密接に関係している。ただそれだけでは、東映ヤクザ映画の隆盛はなかっただろう。

ここに俳優の力というものが加わる。日本人が生来的に好む物語を、いったいどういう風貌や資質を持った俳優が演じるか。東映任侠映画は、ここに日本映画史上でも稀な力量を持った俳優たちを大量に登場させた。鶴田浩二、高倉健、藤純子、若山富三郎……。主役級、脇役含めて、東映任侠映画でその俳優としての力量を発揮した人たちが多く、これは日本映画史の中では五〇年代末から始まった日活のアクション映画路線に次ぐ特筆すべき事態であっただろう。いわば日本映画のスターシステムの中でこそ、東映任侠映画は大きく花開いた。

東映のスターシステムと東映任侠映画の力学を解明するのは並大抵ではない。日活のスターシステムと日活のアクション路線の力学を解明するのが困難なように。ただ一言加えておくなら、男たちのある種の〝暗い情念〟を表現するのに、東映の主役級の俳優たちは非常にうまかったということがあるだろう。たまりにたまった怨みつらみを、敵方に向かって爆発させるのに、鶴田浩二や高倉健は抜群の力量を発揮した。物語の根底にある大衆訴求力を、東映の主役級の俳優たちは、自身の資質によって幾重にも膨らませたと言ったらいいだろうか。

中でも藤純子のように、男中心の世界と見られた物語に突如として現れ、〝暗い情念〟の只中に舞う一輪の花の如き華麗さで、その世界を別の色に染め上げたりもした。これは、まさに男たちの裏返された情念の世界だろう。男たちの修羅場で敢然と凛々しい姿を見せる藤純子。もちろん彼女には、助っ人としての鶴田浩二や高倉健がいつでも従《つ》いていてくれる。

この究極の強いヒロインの物語も、日本に固有の物語の祖型と無縁ではありえない。大衆訴求力の点では、ひょっとしたら男たちが主人公の東映任侠映画より上かもしれない。男たちが主たる観客層の東映ヤクザ映画において、男たちの〝情念の世界〟を感じさせ、さらに彼らの憧憬の対象たる美しいヒロインが、〝悪い〟男たちをなぎ倒してくれる。これほど甘美な世界がそうざらにあるもんじゃない。そしてここでも重要なのが、物語の強化を図る藤純子という女優の類い稀な資質なのである。

東映任侠映画が持っていた強靭な大衆訴求力は、物語と俳優の織りなすコントラストが背後から大きく支えていた。これにもう一つ加えるなら、その両者を生み出した撮影所のシステムというものがあった。前出の『任侠映画伝』で俊藤浩滋は、日活や大映のヤクザ映画と東映のヤクザ映画の違いは、〝本物志向〟にあったと述べている。つまり東映任侠映画には、〝その筋〟の人たちが堂々と登場していたし、映画に導入されていた小道具や作法も本物に近くて、これが観客の大きな支持を得たというのだ。

私はこれこそを、撮影所のシステムが固有に持っていた利点と捉える。そのシステムが確実に動いていたからこそ、〝本物志向〟を敷くことができた。さらに前述した俳優陣の厚みというようなものも、このシステムによって生み出されていたのは間違いない。五〇年代の東映映画の顔であった時代劇映画の俳優陣が、東映任侠映画の登場によって影をひそめたこととそれは軌を一にしている。撮影所のシステムとは、一方にスターシステムを大きくはらみ、スター＝俳優の浮沈のヘゲモニーをがっちり握っていた。東映任侠映画に見えていた俳優陣の厚みは、撮影所という映画の拠点が確固たるものとしてあったが故に、形となって現れてきたと言っていいだろう。

しかし当然ながら、任侠映画はマンネリ化の道を歩む。大衆訴求力の希薄化であり、それはほぼ十年近く経った時点で決定的となった。十年近く、似たり寄ったりの物語で任侠映画が作られれば、その路線は明らかに衰退の度合いを増す。そこに登場したのが七三年に公開された『仁義なき戦い』（監督・深作欣二）だった。任侠映画からとって変わった路線の出現であり、それは「実録路線」と謳われた。

前述したように、任侠映画は様式美が映画の大きな要であった。高倉健、鶴田浩二、藤純子らが演じる主人公が様々な苦境に出会い、義理と人情の板ばさみからついに堪忍袋の緒が切れて復讐に立ち向かうその心根と行動形態の双方を中心にして、任侠映画の様式美は生まれた。しかし、実録路線の『仁義なき戦い』は、そうした様式美とは無縁だった。様式美をぶち壊し、人間の生々しい欲望を白日のもとにさらした。

『仁義なき戦い』が七三年に登場して大ヒットしたことは、様式美を強調してきた任侠映画に対して観客が決定的な訣別の意を示したことを表す。任侠映画のマンネリ化を『仁義なき戦い』が打破したのであり、そうした映画の出現を観客自体が待ち望んでいた気配があった。いわば、大衆訴求力の在り方が『仁義なき戦い』によって、大きく変化することになったと言える。では『仁義なき戦い』から始まる実録路線の大衆訴求力とはいったい何だったのだろうか。

任侠映画の大衆訴求力とは前述したように、物語性、ヒーロー性、スター性、撮影所システムなどが生み出した。実録路線はその中で物語性、ヒーロー性、スター性に変化が見られた。物語性なら、義理と人情が形作る正義と悪の二項対立の図式がひっくり返った。ヒーロー性なら、これも義理と人情に裏打ちされた正義漢のありようがぶち壊された。スター性なら、謹厳実直、悪をなぎ倒す趣がある高倉健、鶴田浩二から、優柔不断、人間の生臭さが濃厚の菅原文太に主演者の顔が変わった。

これを要するに、徹底した虚構の世界から生々しい現実の世界へヤクザ映画が変貌し、そこに観客側はある種の新鮮さを感じて、共感の支持を打ち出したという判断がまずできるのではないかと思われる。もちろん生々しい現実の世界だろうが、それはまぎれもなく虚構に彩られている。だから問われるべきは、生々しい現実の世界がどのように描かれたかであろう。

『仁義なき戦い』が大ヒットしたのは任侠映画のように、物語やスター性の定型があったからではないことをここで強調しておきたい。生々しい現実の世界が、組織内の緻密な対立構造とともに、それがダイナミックな映像表現で描かれたことが重要であった。この〝面白さ〟と迫力こそが、強靭な大衆訴求力に行き着いたのであろう。だからこの大衆訴求力のありようは、『仁義なき戦い』に極めて固有のものであったと言えると思う。実録路線とはだから、突きつめれば『仁義なき戦い』シリーズで止めを刺すといって言ってしまって構わない。

そう考えると、実録路線の命脈が意外と短かった理由がよく分かるのだ。任侠映画の様々なパターンをひっくり返して人気を得たとはいえ、そうした定型に対するアンチ性では大衆訴求力は持続することはないのである。何故か？　大衆訴求力とは、ある種保守的な要素を多分にはらんでいるからである。受容者の精神は、無秩序性やエネルギー性が内包する人間の生々しさを、それほど長い期間容認できるものではない。

実録路線と並行して、任侠映画と実録路線の〝折衷版〟やそれに類したヤクザ映画も、七〇年代半ば以降には作られている。しかしそれらは、実録路線に代るべき次代の路線としては定着しなかった。当然であろう。定型があり、それを覆す形が現れた時点で東映ヤクザ映画は自己完結したからである。その転倒した形がいくらバリエーションを変えようが、定型そのものの幻影が失われてしまった以上、アンチテーゼとしての新鮮さは持続しようもない。東映ヤクザ映画のバリエーションが何らかの復活を見せるのは、映画館からビデオへと市場が移った九〇年代以降のビデオシネマまで待たなくてはならなかった。

東映ヤクザ映画は、日本映画が斜陽の先を転げ落ちようとしていた六〇年代半ばから七〇年代後半まで隆盛を誇った。まさに当時の日本映画の中で、唯一安定した観客動員を果たした路線たりえた。その根本原理を大衆訴求力を一つのキーに語ってきたのだが、今考えれば何故それがヤクザ映画だったのかという疑問はどうしてもぬぐい切れない。義理と人情だろうが、古典的な物語の変格バリエーションだろうが、様式美だろうが、そしてそのアンチテーゼだろうが、市井の人間からは程遠いアウトローたちが織りなすドラマには違いなかった。そのアウトローたちに、暗い憧憬を投げかけることができた大衆訴求力の在り方。この在り方には、前述したようないくつかの理由の他に日本人の源流にまで遡る、かなり奥深い意味が含まれているだろうことは想像に難くない。

以上の概論を前提にした上で、個別の作品〝解説〟を行ったのが本著の成り立ちだが、作品別に附した点数はあくまで私の視点であり、一つの参考程度にしてもらえば幸いである。納得いかない面もあれば、反論も当然あるだろう。ただ私の映画の見方に関しては、嘘偽りなく記したつもりである。作品論的概論を今回あえてはずし、一本一本の各論がそのまま概論にまで波及するだろう構成をとった。成功したかどうかは分からないが、本著で一つの立場は鮮明にすることができたと思う。

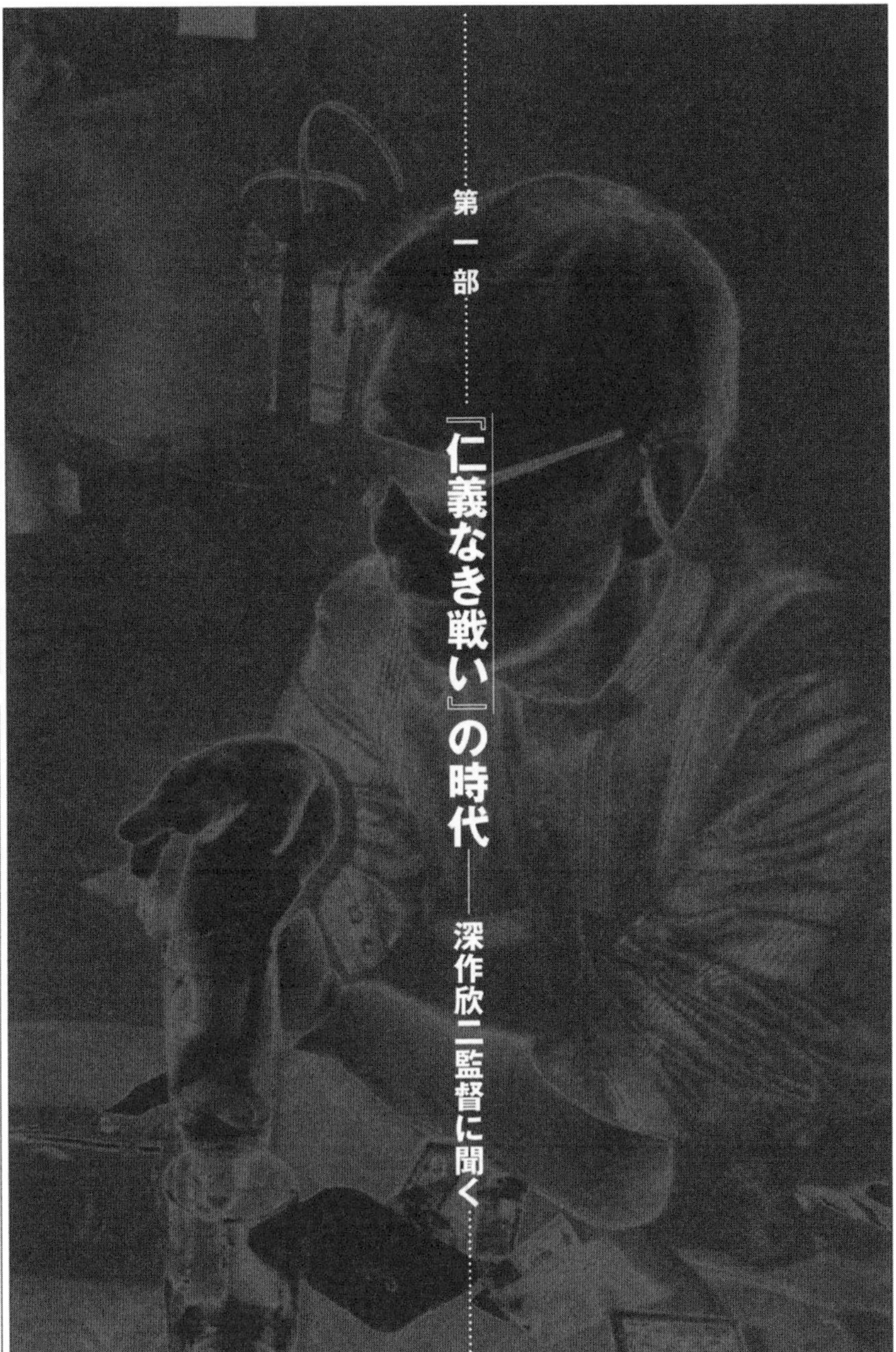

第一部

『仁義なき戦い』の時代

——深作欣二監督に聞く

深作作品との出会い

大高■私は映画は高校生時代から観始めているんですが、監督の作品は公開時に何本か観て決定的な出会いになりました。七〇年あたりから映画を観ていた私の心情とどこで監督の作品がフィットしていたのか。そういう自分の思い、つまり観客の思いと、当時作品を作っていた監督との接点みたいなものを、一度監督の口からお聞きしてみたいと思っていました。

深作■初めてヤクザ映画を作ったのは、六七年ですね。それまでヤクザ映画というのには何故かなじめなかった。アクション映画は撮っていたのですけれども、ヤクザ映画には抵抗があったんです。ヤクザは悪い人の話だから抵抗を感じるというわけではなかったんですけれども、なんか後戻りしてしまうような気がして。東映の初期のヤクザ映画は任侠映画だったんですね。それが自分の中でなじめなくて、その時期松竹なんかをいろいろ渡り歩いていたんですが、そのうち不思議なものでやりたくなって、面白いところもあるんじゃないかと。ちょっと食わず嫌いだったかなと思ってそれで六七年に『解散式』をやったわけです。

大高■七〇年には私が大好きな『博徒外人部隊』というのもありますね。私が最初に監督の作品を観て驚いたのは、たぶん七二年だったと思うんですが、『現代やくざ　人斬り与太』という作品です。そのころ私は任侠映画というものを観ていませんでした。六〇年代末から始まる藤田敏八監督らの日活ニューアクションを必死に追っかけていたんです。日活ニューアクションのほうが進んでいたんですよ。時代の空気というものをよく反映していた。それで歌舞伎町東映で『現代やくざ　人斬り与太』を観たときに、とにかく菅原文太がカッコ良くって。これはちょっと日活のテイストとは違うけれど、何か凄い映画だなと。結構泥臭いけど、かっこいい俳優はいるし面白い映画だなと思いまして、それでそのあと『人斬り与太　狂犬三兄弟』というのを続けて観て、それ以降延々と東映ヤクザ映画を歌舞伎町東映で追いかけるんですね。

深作■場所もよかったですね（笑）。

大高■高倉健や鶴田浩二の映画は観ていなかったものですから、菅原さんのから観始めたわけです。これが決定的でした。当時僕ら学生っていうのは何かを抱えて鬱屈していた。学生運動も終わっていたものですから、僕らはどうしたらいいんだろうというようないらだちがあったんです。僕らの世代からすると、当時監督の映画を観ていた人が大勢いると思うんですよ。その代表選手として言わせてもらうと、任侠映画の時に全共闘世代が観てカタルシスを覚えたというのとは別に、監督の映画を観て時代の閉塞感というものを感じながらも、その閉塞感を斬り裂けるんだという何か鋭利なドスのようなものをそこで見た気がします。とにかく元気が出ましたね、『現代やくざ　人斬り与太』という作品は。

深作■いっぺん外に出てぶらぶらしていて、東映もいいかなと思って帰ってきたのですが、やっぱり俳優さんのヒエラルキーが決まってしまっていて動かないのですよ。主役は鶴田浩二、あと若山富三郎とか。文ちゃんとか出てきていましたけれども、作るほうもどうしたらいいか周りも迷っていたことがありましたね。それで何かこんなことばかりやっていてもなというようなことで、もう一回やり直したいと。打ち合わせの時に自分の仕事が面白くなくなっていると感じていて、なら何がやりたいんだという時に、やっぱりヤクザならその映画の登場人物の中で何で主役が悪い奴じゃいけないんだと思ったわけです。そしたら自分の中で転がり出して、しかしなかなかそれでもうまくいかないし、そのまま取り込むわけにはいかないけれども、いろんな現実主義とか深めながら「芋虫ごろごろ」という感じでやれないかなと。非常にアナーキーな映画ができないかなというのがスタートでしたね。『人斬り与太』はそんなに観客が入るというわけではなかったですけれども、やっぱりみんなといっしょにやっていて楽しかったですね。それで撮っている最中から楽しくて、またたまプロデューサーの俊藤浩滋氏もこれは面白いじゃないかと。そんなことから素直に次回作の『狂犬三兄弟』もふわっと出てきた。それからたまたま私の知り合いが週刊誌で連載が始まった『仁義なき戦い』を読んだかと聞いてきて、ああ読みました、あれ面白いですね、あの親分がすごく面白いという話に。じゃあ、あれは東京（撮影所）というわけにはいかないけれど京都（太秦）でやるか。まあ、京都になじみはなかったけれどやってみるかとなった。

『仁義なき戦い』第一作目へ

大高■『仁義なき戦い』が菅原文太を起用しての三本目ということになりますね。この作品も私は歌舞伎町東映で観たわけです。今までの二本（『人斬り与太』『狂犬三兄弟』）を観ているわけですから、菅原文太というアンチヒーローがどういうふうにもう一回新しく出てくるのかな、それとも全く違う映画になるのかなという二つの相反した気持ちが『仁義なき戦い』にはありました。実は『仁義なき戦い』は意外な映画だったんですよ。もっとムチャクチャなヒーローが出てくるんじゃないかと。しかし、そうではなかった。それで今も覚えているのですが、歌舞伎町東映で映画が終わった時、観客も意外に肩透かしを食らったような感じがあったんですね。

深作■私自身撮っていて、『人斬り』シリーズはやっていて楽しんでいたのですが、『仁義なき戦い』の場合は初めて京都というのがあって、イメージ作りの上だけでも何をしようとしているのか分からなかったというか、異和感みたいなものがあった。それと脚本の笠原和夫君がずっと任侠映画をやっていた中で苦労を重ねていて、やっぱり自分でも切り替えなきゃダメだと。しかしいきなりアナーキーな方向にやっていくと言っても、彼は監督とはどんなふうに接点を見つけられるのか分からなかった。実は笠原君との仕事は以前に感覚が合わなく別れちゃったことがあったんですよ。

大高■それはヤクザ映画でですか。

深作■ヤクザ映画です。それはオールスター作品ですから鶴田、高倉らが出演することになっていた。もちろんそれぞれに一つのヒエラルキーがあって、アナーキーを狙ってどうのこうのということもなかった。その時は私自身の中でもこういうふうにやりたいんだというのが明確に捕まえかねて、揺らぎ始めていた時期だったから、やっぱりうまくかみ合わなかったんでしょうね。笠原君自身も何がやりたいのかよう分からんという感じだったと思うんですよ。結局その企画はダメになった。それで今度はたとえばセットの中だろうと何だろうとズームレンズやらなんやらいろいろ持ち込んで撮りたいんだとなった。つまりミッチェルという大きなカメラでカッチリカッチリ画を作ってゆく、そういうやり方はダメなんだ。つまりミッチェルというのは100ミリ、75ミリ、50ミリ、35ミリ、というレンズをパチッパチッと切り替え切り替えやってゆくしかしょうがないから、どうしてもスタティックな映像になっちゃうわけですね。それが嫌なんだということが笠原君はどうしても飲み込んでくれない。ズームレンズというのは一眼レフになっていないと無理ですから、そうでないのははっきり見えてないとレンズ操作ができないわけですよ。ミッチェルというのはファインダーを覗かないと操作できない。

大高■ファインダーを覗いてやっと形を決めるわけですね。

深作■あとは狭いセットの中を移動するしかないわけですね。それが嫌なんですね。それでダメだこりゃ、やっぱ東撮（東京撮影所）でないとダメだなと自分で思いました。でも一作目が何とかいけて、二本目（『広島死闘篇』）の話が出てきたんです。だったら東撮で使っているカメラを借りてきてくれ、あるいはミッチェルを改造して作ってくれと言ったんです。

大高■二作目は改造ミッチェルだったのですか。

深作■ええ、だから一眼レフです。東撮での『人斬り』シリーズのことを少し言いましょう。セットの中ではライトの数の問題とかあるので光量が不足して自由には使えないんですね。だから粒子が荒れる。でも荒れていいじゃないかそんなもの。荒れるほうが面白いんだというようなことを前提にして作った。そうすると荒れていいんだ、つまりノーレフ、ノーライトというわけにはいかないけれども、それを売り物にしたらいいじゃないかと。それでみんなも乗ってくれた。『人斬り』シリーズは仲沢半次郎というカメラマンとそういうふうにして作った。それが京都に行くと私の自由がきかない。何でそんなことをするのかと、聞かれる。そんなこと理屈じゃ言えないですよね（笑）。

だから苦労した。カメラバックが荒れた、画調も荒れた、カッチリカッチリと、つまり人間の動きを捉えるときにバンやなんかで引き回す。そういう時はスタッフも修練してないとなかなかうまくいかないんですね。それで一本目終わって二本目を撮ってくれという時に、こりゃ京都じゃだめだ、東撮でしてくれるか、あるいはそういう体制を作ってくれというようなことを言っているうちに、京都でどうにかこうにかこっちの希望どおりにできる体制になっていったわけです。

大高■監督にお聞きしますが、『現代やくざ　人斬り与太』など、最後にアンチヒーローが暴れ回って殺されたり、任侠映画ではヒーローが殴り込みをしたりしますよね。ところが『仁義なき戦い』ではそうではなかった。これが観客が何かもやもやっとした感覚に陥った原因だと思うんですね。それで、文太が山守に言いますよね、「弾はまだ残っとるがよ」と。でも、そこで帰っていくわけですよね。これは今までのヤクザ映画のパターンではないんですよ。

深作■そこのところは、私たち自身もラストシーンで止まってしまって、どういうふうにしようかと。まあ、京都の時代劇ということであれば、〝織田信長の葬式〟というのがあるだろうということになった。

大高■ああ、ありましたね！

深作■あれでどうだと。思いを込めるとしたそれしかないだろうなということで、それで書いてくれて。ただ本人は気に入らなかったみたいなのですが、周りは面白いと言ったらしいんですね。

大高■もう今は名場面になっていると思いますよ。ただ当時はちょっと肩透かしというか、観客の側がどこに最後感情移入をしたらいいのかというのがあった。任侠映画というのはちゃんと起承転結があって観客が思い描いたとおりに終わりを持ってくるんですけれども、あの映画は、もちろん続編を意識したのかもしれませんが、とにかくああいった形に持っていって、あれがやっぱり象徴的だった。

深作■作っていた当初は続編はなかったのですが、やっぱり『仁義なき戦い』というタイトルで原作もありましたから、原作も無視するわけにもいかないし、芝居としては織田信長の話も持ってきたりしていたから、一番最後に暴れられない。暴れたら御用になるだけですからね。そういう状況はちゃんと見ていてそんなところで暴れたりはしない、でもやっぱりかっこうはつけなくてはならない。「山守さん、弾はまだ残っとるがよ」。この先どうしようかと（笑）。だからずいぶん苦労はしてもらいましたよ（笑）。くるくる回るカメラワークとか、芝居をカッチリ作ったつもりが、芝居がちゃんと流れていないじゃないかとか、いろんな思いが周りにもあったと思う。でも何か、変わった映画が出来たなという受けとめ方はされたようです。周りの若い企画の連中が、笠原和夫君に「面白いじゃないですか、あれ。面白いですよ」と言ったというから。

大高■もちろん、お客さんもいっぱいでしたよ。

深作■詰めた指がどっかに飛んじゃったとか、親分がどうだとか、そういうところのノリはお客さんも分かってたようで。

大高■そうですね。観客も分かって笑っていた。その辺は今までのヤクザ映画と違って。

深作■あれで、こんな親分でも組の手本になれるのかと、それは現実に飯干晃一さんの原作に書いてあったことですからね。それが面白い。山守がヤクザ映画のパターンにはまらなくてもそれは何としても活かしたかった。

『広島死闘篇』笠原和夫との差異

大高■それで二作目の『広島死闘篇』ですが、よく言われているように、北大路欣也が演じているところの戦後派というか戦中派というのか、その人物を笠原さんがだいぶ思いを込めて書いた。監督のほうはもう一人千葉真一が演じた大友という暴れん坊にこだわった。結局、笠原さんは北大路欣也に仮託してどういったものを描こうとしていたのですか。

深作■笠原君は私と三つ違って、向こうのほうが兄貴です。それでいわゆる士官学校というわけじゃないんだけど、中学の二年生あたりの少年たちを募集しているものがあったんですね。その第一回に笠原君は飛び込んでいった。

大高■少年兵ですね。

深作■少年兵というのとはまた別なんですよ。特別の士官養成の組織なんです。笠原君はそこに入って、ぶん殴られたりして、それでこの軍隊はインチキだと考えたりした。私はついに行かなかったですからね。あの時期での年齢が三つ違うというのは経験的にずいぶん違うんですよね。

大高■では笠原さんは軍隊の養成学校みたいなところに少年で行かされて、いろいろひどい目にあった無念さみたいなものを、北大路欣也演じる一人のヤクザに仮託したんですかね。

深作■無念さを仮託しているというよりも、欣也自身が組織に入れなくて、その屈折した気持を口笛で吹いているしかなかった。そうした〝行き遅れた少年〟に自分を仮託したいというのがあったんでしょう。でも私は、そのころの少年たちが持っていたある種の純真さは分かるんだけど、その純真さを描くよりも前に、戦後はまずひっくり返したほうがいいんだと思った。作品を作ったそのころは七〇年代ですから、高度成長が終わって何もかもがインチキじゃないかということが分かった後ですから。笠原君のそういう思いというのも分かるけれども、私は年寄りにしてやられていく若者たちを相対化して捉えたい気持があった。欣也のタイプにしろ、千葉真一のタイプにしろ、菅原文太のタイプにしろ、ただ基本形として私の中にあったのは〝大人にしてやられてゆく無念さ〟ですね。

大高■ということは最後、北大路が警官隊に追いつめられるところ。監督は相当力を入れて撮っているシーンですけれども、あくまで戦後に生きる一人の若者がなす術なく落ちていく姿を描いたのだと。

深作■戦争に憧れている気持ちは残っていながら、それでこれは俺の戦争だと言いながら、ともすればこみ上げてくる疑惑と必死になって戦っている。そういう疑惑を感じちゃいけないんだと。つまりその前の苦い思い――女と引き裂かれてそれは親分のせいだと思っていたら、そうじゃなかったと。それで撃ち殺してくれと、私は親分を裏切っていたと。そこから先を山守は触らないわけですよね。彼の悲劇であり、哀れであるわけですけれども。そこらへんを笠原君は見事に作ったと思うんですよね。で、私のほうはそれはそれで分かった。が同時に自分でやってて楽しいのか、どうしても大友のほうのイメージが出てくる。そこのところであなたの考えているところと私のところで微妙にバランスが崩れていくかもしれないから勘弁してくれと笠原君に言ったんです。

『代理戦争』群像ドラマからカオスへ

大高■それで三作目の『代理戦争』あたりにいきますと、よく言われますが、ヒーローとかアンチヒーローとか超えちゃって、もう群像劇そのものになっていく。たくさんの人間がとにかく入り乱れてね。あるインタビューで監督は、シリーズの中で『代理戦争』が一番好きだとおっしゃっていますが、私も『代理戦争』が一番見応えがあると思っています。それはある種の群像ドラマがカオス、混沌となっていく凄さなんですね。

深作■群像劇でいろんな人間が出てきて、また、ただ数が多いだけの群像劇だけならそれまでもやっていたのですが、自分で本当に群像劇というのは面白いなと思い出したのはあれが最初で、笠原君自身がいいかげんばかりなのが出て来てお客が承知するのかねと少し疑問を持っていたけれども「いや、このほうがとっても面白い、本当に面白い」と言っていた。まあ、バルザックの人間喜劇でいいんだよなと言っていたわけです。

大高■ただ、当時私が映画館で観ていた時は、どういう人間関係になっているのかよく分からなかったんですよ。『仁義なき戦い』だって、一回観ただけじゃ人間関係が分からないわけですよ。今の映画ファンはビデオで繰り返し繰り返し観て、あれがどうのと言えるわけですが、僕らは映画館で一回観ただけですから何が何だか全く分かりませんでしたよ。『広島死闘篇』とかは分かりやすかったですが。『代理戦争』は、俳優陣にとっても凄い現場だったんでしょうね。

深作■今までだったら、ヤクザ映画の中で二面性なんてことは追求しないわけです。どこかで自分のやっていることにある暗い情念みたいなものを感じながら演じていたんでしょうが、それは若山富三郎までが限界だった。『仁義なき戦い』ではヤクザが平気で嘘をつくようになった（笑）。

大高■ただ三本目までいくと今までの善悪がはっきりとしたキャラクターだけではなくて、もっと違うものも出せるんだということが分かってきたということですか。

深作■はっきりとしたものじゃないから、面白いんじゃないか。お客もついているのではないか。それが時代に喚起したというんですかね。観客の反応に現れてくれたと思います。

大高■とにかく、七三年という年に三本も撮ってしまっているんですね。これは日本映画の歴史を見ても、一人の監督としてはとてつもない演出のボルテージだったと思います。

深作■「おい、やりすぎじゃないか」とスタッフにも言われました（笑）。でも、まあ次から次にくるんだし。

大高■東映の場合は当たれば次から次にきますからね。

深作■それで笠原君とのコンビもうまいことといってましたからね。ちょうどこっちが撮っているころに書くんですよね。はじめに脚本ありきですからね。

大高■それで当時『代理戦争』を観ていた感想を言わせてもらいたいんですけれども、やっぱりこちらとしては自身の思いを投影させたいんですよね。自分と等身大な人間像をね。具体的な人間像を誰かに仮託したいというのが出てくるんですね。監督が『頂上作戦』で描いた小倉一郎とかああいうダメチンピラへの思い入れが出てくる。ああいうのを見て僕らはその当時「また監督やってくれてるな」と思っていた。『人斬り与太』の文太の面影をどこかでまだ見たいと思っていたんですね。

ガツーンときた『仁義の墓場』

大高■『仁義なき戦い』五作を作って『新仁義なき戦い』を作った後に『仁義の墓場』がきます。自分の観ていた感想をまた言います。またまた歌舞伎町東映で観て、「ああ、ここまでやってくれたか」と感動しました。監督が『仁義なき戦い』を作りながら、それと並行して何か別のものも目指していて、もう一回『人斬り与太』を作り直したいという欲求があったのかと。

深作■それははっきりありましたね。久しぶりの東撮で、前のスタッフが待っていてくれて。（京都より）こっちのほうが面白いはずだとみんな乗り気になっていました。

大高■あれは石川力夫という実在のヤクザがいて、

確か藤田五郎さんの原作がありましたね。
深作■確かに原作は読んでいましたが、そのままでは鉄砲玉の哀歓みたいなものになってしまう。やっている間にセンチメンタル過ぎると思って、その辺のシナリオライターの神波史男、松田寛夫、その辺の連中とワーワーやりましたね。それで時間もなくなっちゃったんだけど、資料がない、履歴書がない、戸籍も取り寄せられない、ということになっていったんだけど、そのうちに同級生とかに頼んで戸籍謄本を取り寄せたり、裁判記録を見ていくと、主人公像はずいぶん違っていた。事件そのものが違っているんですよね。
だから、それを片っ端からつながらなくてもいいからと動かしていたら変なリアリティーが出来ていった。そういう作り方もあっていいんだと。何でもありなんだと。でも、時間もありませんし、オープンセットを立てている暇もありませんし。東京の新宿で撮るわけですが、街中の看板がどんどんきれいになっていったり、建物が変わったり、七〇年代の半ば過ぎですから、狙っている風景がなかなか撮れないんですよ。しょうがないから街の構えとしたらここしかない、それでどうやってつなごうか、後はいじくればいいと、そんな撮り方でしたね。だから計算も何もなくムチャクチャな撮り方でしたね。
大高■私は当時封切りで同じ日に二回観たんです。

併映の千葉真一のカラテアクションを挟んで二回観た。しかしそれ以来、一回も観なかった。というのも、その時のイメージを取っておきたかったんです。今回本を書くにあたって、新宿昭和館でもう一度観てみたんですが、意外なことに前半はヤクザ映画の形になっているんですよ。それで、中盤から相当破綻していくのが分かった（笑）。全編破綻しているのかなと思っていたんですけれども、そうじゃないんですね。結構最初はふつうのヤクザがいて、そこから落ちこぼれていくんですけれども、後半あたりは相当逸脱していくんですよね。

深作■脚本屋さんが違うんですよね。前半は松田寛夫が書いていて後半は神波史男さんが書いていてタッチが違うんですけれど、それが良かった。世界が全然違うんですよ。

大高■松田さんの最初のほうはある程度「ドラマ」という感じですけどね。『仁義なき戦い』の新シリーズを作っていく過程で『仁義の墓場』を撮ったというのは、一つのクッションになっているんじゃないですか。

深作■別な世界、フィクションでいいんだと考えられるようにはなった。そういうの、撮れなくなっていましたからね。

大高■だから逆に『仁義の墓場』というのは監督の直球ストレート。

深作■配球を考えていなかったですからね（笑）。

大高■そう、ボーンと速球で、ストライクかは分かりませんがものすごい球を投げた。当時の私にしてみればそれが一番ききましたね。顔面をぶん殴られたようなもんです。作品の完成度なんか関係ない。一人の観客としてハイにもなりましたし、感じたものがすごくありました。

深作■ハチャメチャがいいんだと言われても、世の中スケジュール操作で結果的にハチャメチャになっちゃうのはいいんだけれども、ただいろいろお金とか計算したり、整理したりするものはありますからね。ハチャメチャになってくれないんですよね。

大高■わかります。作っている人はハチャメチャじゃないんですよ。でも『仁義の墓場』が、未だに実録路線の中で極北だと言われている意味が確実にあると思うんですよね。東映ヤクザ映画は六三年の『人生劇場　飛車角』から始まって、その当時はすでに十年以上経っているんですよね。それほどの歳月があって初めて『仁義の墓場』というのが一本ボーンと出てくる。これが映画の底知れないダイナミズムじゃないでしょうか。そのころは中島貞夫監督も、非常に活躍していて、そういう作品が出てくる東映の中の煮詰まり具合、とても必然的なものがあったんじゃないでしょうか。

深作■やっぱり中島君にしても、みんな同世代だったけど元気でしたよね。自分の個性というものに頑固に向かい合っちゃって、テコでも動かんという頑固さを保持できるというのは元気の証拠ですよね。

大高■それで『仁義の墓場』を撮って『仁義なき戦い』の新シリーズをやって、その後に『県警対組織暴力』というのを作られますよね。当時私は突出した「個」のありように関心を持っていて、非常に偏った見方をしていたものですから、ちょっと首をひねった部分もあった。しかし今冷静に観れば、『県警』は笠原さんとのコンビ作品の中でエポックだったというのがはっきりと分かります。というのは、『県警』は群像ドラマではありますが、梅宮辰夫、菅原文太、松方弘樹といった中心人物とともに、脇の登場人物も非常に深く描かれている。佐野浅夫の警官なんかいいキャラクターで、それから室田日出男、山城新伍。『代理戦争』以降の深作さんと笠原さんのコンビ作品の中で、あの映画はもう一回「個」に戻った映画と見ることができるんじゃないですか。それぞれの「個」とでも言いましょうか。

深作■笠原君と『代理戦争』などをやっていてこれでいいのかとなってきた。しかし、観客の反応なんかも見てきてやっぱりこれでいいんだと。でも、彼は非常に丁寧に「個」にこだわるというところがある。俳優さんのパーソナリティーに乗っちゃってそれいけやれいけというのとは違いますからね。だから『県警』でも丁寧にドラマを作ってくれたと思う。笠原君が自分が書いたもので好きなのは三本かなと言っていた。一番最初は山下耕作の『総長賭博』。そして『仁義なき戦い　広島死闘篇』。それで三本目が『県警対組織暴力』と言っていた。やっぱり壊れているのが面白いんだという無責任な言い方を彼はできないし、また、そんなところで俺の仕事は終わりなんだとは脚本家としては言えませんから、やっぱりそれなりに立派な群像ドラマをやってくれたと思う。『県警対組織暴力』もそうだし、『総長賭博』もそうですね。

大高■『総長賭博』も全体のテンションが相当高いので、ディテールを見逃しがちなんですが、非常に細かく描かれていますよね。

深作■たいした手腕の持ち主ですよね。もう少しするとビートたけしのような監督が出てくるわけですけれども、彼は「なんだあの映画は」と納得しないわけですよ（笑）。これはドラマの根本がなっていないなんて言っちゃうんですよ。

大高■あとですね、七〇年代も半ばから後半になってくると、だんだんと実録路線も下火になってくるわけですね。実録路線と言ってしまいますが、路線と言っても意外に短いんですよね。

深作■『仁義』の時からわれわれは長持ちせんだろうと思いながら撮ってきたからね（笑）。

大高■確かにそのとおり（笑）。

深作■それは、笠原もしょっちゅう言っていたし、私もそれでいいんじゃないのと。一年でも二年でも続けばいいと思ってましたよ。刺激なんだからと。

山守は今も生きている

大高■監督は七七年の『北陸代理戦争』がヤクザ映画の最後ですね。七八年には『柳生一族の陰謀』を監督して、その後はガラリと作風が変わっていく。

深作■七〇年代後半で観客構成がまったく変わるわけですよね。八〇年代になると女性が押しかけてこない映画は当たらなくなる。

大高■七〇年代はやっぱり男が観客でしたよね。日活ロマンポルノを含めて。

深作■女性観客が主体になってくるというのは、恐ろしいことですね。日本だけじゃなくて、アメリカもそうでしょうし。アメリカ映画の場合は世界的に売ってゆくところがあるから。

大高■しかし今度のアメリカの同時テロでアメリカ映画は大きく変わるんじゃないんですか。

深作■変わりますね。しかし、どういうふうに変わりますかね。

大高■監督の意識の中で今回のテロ事件というのは、どのような影響を与えていくのでしょうか。映画というのは社会情勢に非常に影響を受けますよね。ベトナム戦争にしろ、学生運動にしろ、六〇年代から七〇年代の映画は、確実にそれらの影響を受けた。そうすると、八〇年代から九〇年代あたりより、テロ事件以後のほうが監督はワクワクするものがあるのではないんですか。

深作■だから、それがストレートに結びついてくれればいいんだけれど、やっぱりもう無責任に踊れるかというところなんですよね。今、企画している村上龍原作の『愛と幻想のファシズム』について言えば、原作もそうだったんですが、ターゲットはアメリカのグローバリズムなんですね。『愛と幻想のファシズム』の場合には、もろにグローバリズムを取り上げて喧嘩を売るというわけにはいかないところがある。あれは政治小説ではなくてむしろ経済小説ですからね。政治小説だったらその中でアナーキー色を出すこともできるんですけれども、そうもいかない。じゃあどうしようかと考えているうちに、例の事件が起きた。今の日本の総理大臣がしっぽ振っているようなのを見ると、やっぱり今やらなきゃいけないのはアメリカのグローバリズムよりも、日本のシステムなんだよね。だから山守ですよ。まず日本ですよ。不愉快っていやあ不愉快なんだけれども、こういう生き方もあるぜというのを見せつけなきゃ。

大高■では、山守は今もいるわけですね。

深作■そう、山守しか生きようがない。考えてみれば、時代劇は最初から山守なんですよ。関ケ原の戦いでの徳川家康もそうでしょう。お互いが疑心暗鬼、どっちにつくかという。

大高■日本の伝統ですか、山守的な生き方は。

深作■それで向こうにおどかされて「テロにつくのか自由につくのか」どっちだなんて。そんなところで手挙げるなよ！　お前いいんだよ、顔色だけ読んでればおまえは！　って。

大高■やっぱりそこで山守ですかね。

深作■それじゃ辛棒たまらんという弾けたのが出てくればいいんですからね、映画で言えば渡瀬（恒彦）とか川谷（拓三）とかね。

大高■なるほどね。じゃあ、菅原文太はどうですかね。

深作■難しいですね（笑）。原作者だから（笑）。

大高■ある意味、苦悩する人間像ですからね。それでも何か自分の正論を吐いて、渡瀬みたいに自爆できないし、山守にもなれないし。「弾はまだ残っとるがよ」がせいぜいですか。

深作欣二のこれから

大高■何とか『愛と幻想のファシズム』がうまく転がっていってほしいですね。

深作■もう少し様子見て、どうするか決めようと思う。まあ、あれはソ連が崩壊する前の話ですからね。映画の構想自体を変えなくてはいけないかもしれない。

大高■最後に監督の今の思いを聞きたいんですが。生々しい今を。

深作■やっぱり今アメリカに恫喝されてウロウロして、「旗を見せてくれ」とやられているわけですよね。

大高■ただ首相の支持率が高い。何なんだ日本人は、というところにいくんじゃないんですか。

深作■そうですね。山守なら山守を笑い倒して見てくれたということは、学生運動が行き詰まってきた七〇年代のある種健康な、アナーキーな活力の故だった。しかし、今の支持率はダメですね。これは、退廃以外の何物でもない。ヤクザ映画では片のつかない政治の問題、命の問題ということになってくれれば、すぐに「人間の命は地球より重い」とくるわけですからね。お前らそんなもの、この間のハイジャック機は片っ端から打ち落とすとゆーたやないかって。

大高■それで、支援物資を落としたりしてカッコつけている。

深作■できるだけ被害は民衆に及ばないようにと言っているが、湾岸戦争の時も全く同じで、あの時は死体なんかは消し去っていましたよね。今度の場合はそうもいかないから、そういう嘘のつき方はできないわけだけれども、どこでボロを出すかですよね。日本はどこでそのボロを自分たちの問題として受け止めていけるのか。憲法改正だろうと、何だろうと、そこからしか始まりようがない。

大高■自分の問題だということが日本は全く考えられなくなってしまった。単に平和ボケというのではなくて。

深作■もともと自分の問題といっても、日清、日露と始まって、あれがインターナショナルとしての自分を捉える初めてのきっかけであったはずだと思うが、これが単に巻き込まれてしまうだけで「勝った勝った」とか言っちゃって我を失い、あとは一足飛び太平洋戦争に雪崩れ込んでいくだけですよね。だから、本当に日本人というのは、大衆レヴェルでは自分のありようを冷静に見て、そこで自分の生き方を選択するというのがなかったんじゃないんですかね。かろうじてあったのは、「戦争そのものに惑わされちゃいけない、人の命は地球より重いんだ」というもの。これもいささか理屈に落ちていて、日本共産党の言い方もそこで終わり、日本のウーマンパワーも見事にそこ止まりだった。

大高■そうですね。私は戦争時における女性運動というものを、じっくり考えたほうがいいと思う。女性を徹底的に虐げたのは戦争ですからね。

深作■アメリカもそれに対して発言がない。『帰郷』なんていう作品がいい問題提起をしていたんだが。あとはベトナム戦争後、優れた映画というのはありますが、女は途中で引いちゃっている。

大高■だからウーマンリブというのは平和な時代における運動なのかな。戦争になってしまったらそんなの吹っ飛んでしまう。

深作■実際に戦争の中で血を流して、腕が飛んで、足が飛んで、のたうちまわっているのは男ですからね。あのテロも思わずくぎ付けになって、二晩か三晩も徹夜しちゃったけど、どこに行くのかこの後。まあしかし、日本の中で山守だけが際立ってくるというのじゃ寂しいですけれどね。

大高■全くその通りですね。本日は忙しい中時間をとっていただいて本当にありがとうございました。

第二部

東映任侠・ヤクザ映画一〇〇選

各作品の点数表記は、一〇〇点満点で九〇点以上が日本映画史上及び世界映画史上で燦然と輝く傑作、八〇点以上がそれに準ずる傑作、七〇点以上が面白く観られた作品、六〇点以上がまずまず及第点の作品。それほど固苦しい基準でつけた点数ではないから、あくまで一つの指針として受けとめていただきたい。『仁義なき戦い』以前、以後と区切ったのは、その括りによってはっきりと任侠映画の時代と実録路線の時代があらわになるとの判断からである。順列は年代の早い作品ごとになっているが、シリーズものの場合はその中で年代順にしたことを記しておく。

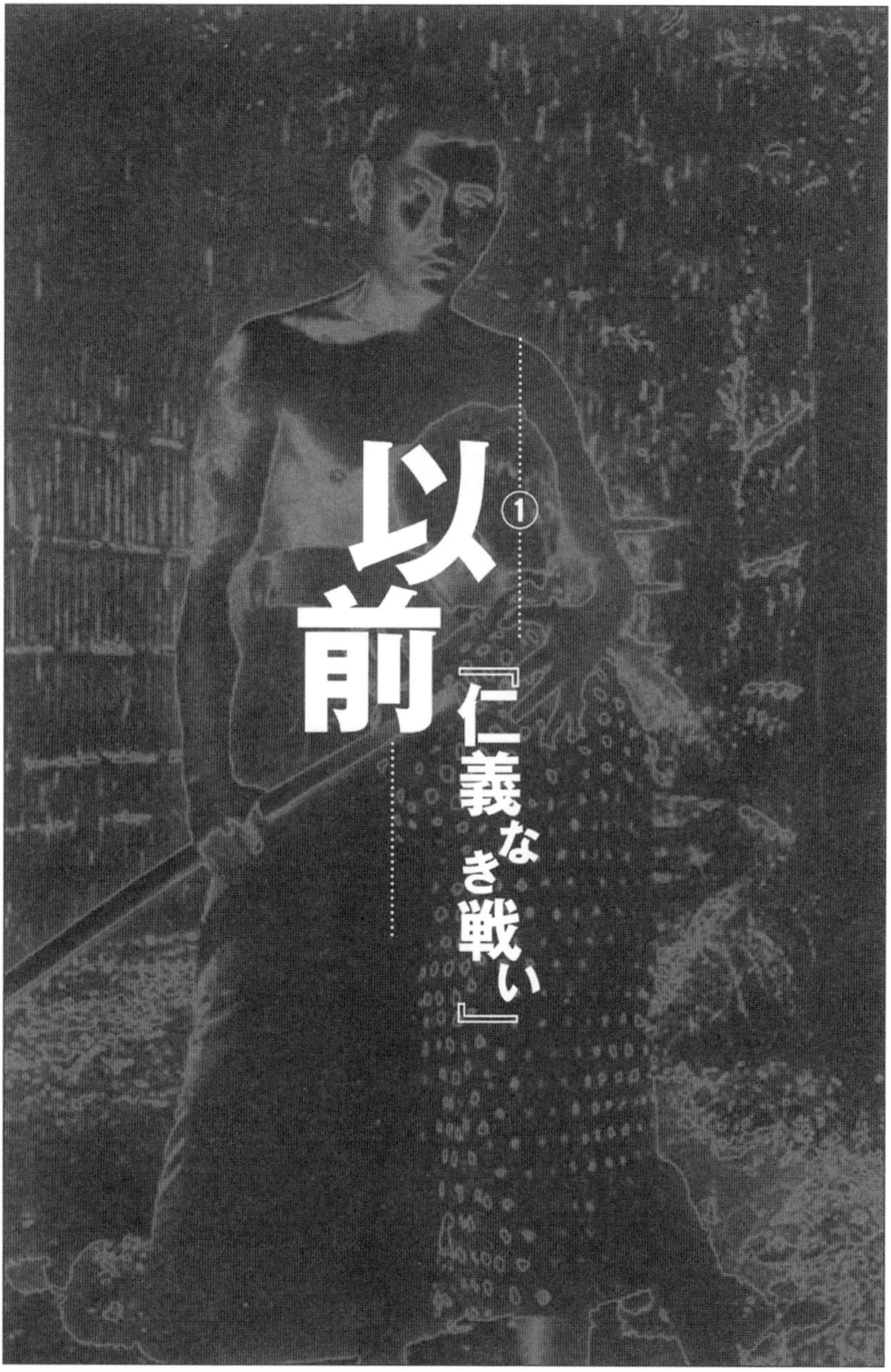

以前 ① 『仁義なき戦い』

▼六三年……64点

【人生劇場　飛車角】★

監督：沢島忠　脚本：直居欽哉　撮影：藤井静　音楽：佐藤勝
出演：鶴田浩二　高倉健　佐久間良子　梅宮辰夫　本間千代子
曽根晴美　村田英雄　月形龍之介

東映任俠映画路線の始まりを告げたと言われている、記念すべき第一作。東映は尾崎士郎原作の『人生劇場』の中から残俠編をクローズアップして映画化し、「任俠映画」の骨格を持った作品に仕上げた。推進者は東映の現会長で、当時は東映東京撮影所長の岡田茂だった。

ドラマの中心は、飛車角の鶴田浩二と娼婦・おとよ、そしてある一家の若衆である宮川・高倉健の三者が繰り広げる愛の相克である。高倉が所属するある一家の出入りに助っ人として加わった鶴田が刑務所に入っている間に、鶴田と深い仲になっていたおとよと高倉がデキてしまう。鶴田を慕っていた高倉は、おとよが鶴田の〝いろ〟とは知らなかったのだが、ヤクザのしきたりから罰を受けようとする。刑務所を出た鶴田はしかし、高倉に「お前の指を全部

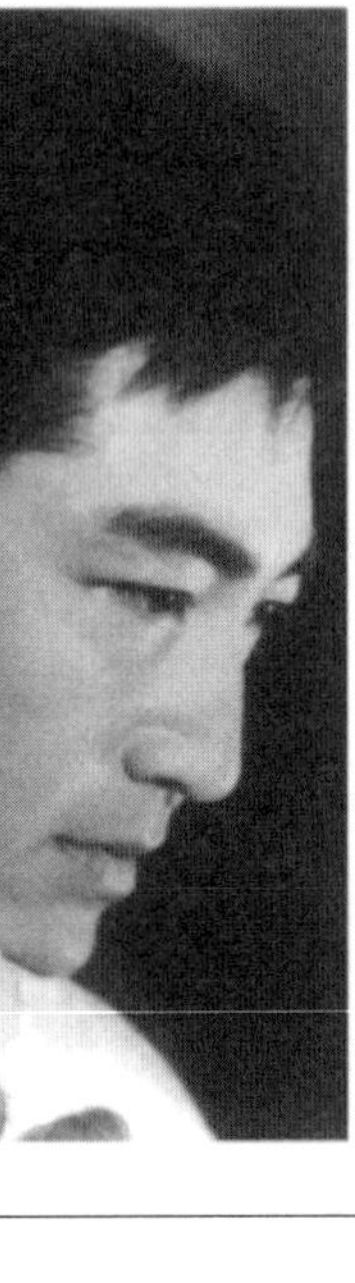
佐久間良子と鶴田浩二

つめても許せるもんじゃない」と言い放つものの、おとよと同道している高倉に「おとよに尽くしてやれ」と罪を許すのである。

　おとよは、当時実生活において鶴田と熱愛関係にあったと言われている佐久間良子が演じている。だからというのでもないのだろうが、佐久間が見せる必死の表情は、彼女の数ある出演作品の中でも出色であった。任侠映画における女性のイメージは、本作の佐久間がある程度形作ったのかもしれない。男に思いを寄せる女。ヤクザのしがらみから死地に赴く男。引き止める女というイメージ。ただ残念ながら、高倉との関係が今一つ希薄であって、これは実生活上の影響が、やはり映画に微妙な影を投げかけていたのか。

　不思議だったのは、ラストの殴り込み。死した高倉の仇を討とうと鶴田が、敵の親分・水島道太郎のところに向かう寸前で映画は終わってしまうのだ。いわゆる殺陣《たて》を見せないで映画に〝終〟の字が入る。これは何だったのだろう。早くも続編を作るべく仕掛けられていたのか。確かに岡田茂が指揮した任侠映画路線は、本作のヒットによって火がつき、実際に続編『続飛車角』が同じ年に作られてしまうくらい速い会社側の決断だったのだが。

■

▼六三年……………56点

【人生劇場　続飛車角】

★

監督：沢島忠　脚本：相井抗　撮影：藤井静　音楽：佐藤勝

出演：鶴田浩二　佐久間良子　梅宮辰夫　長門裕之　平幹二朗

村田英雄　月形龍之介

　前作が東映任侠映画のスタートを告げヒットしたことから、急遽同年にこの続編が作られた。青成瓢吉の梅宮辰夫が書物を出版し、飛車角の鶴田浩二が〝つとめ〟から帰ってくるのが物語の発端。おとよの佐久間良子は何故か姿を隠し、失意の鶴田は長門裕之が居ついているテキヤ一家に居を構える。このテキヤ一家の新宿の縄張りを荒らしに来たのが、

長門裕之　鶴田浩二　佐久間良子

東野英治郎が親分の一家。何とここの娘がおとよにソックリだった（佐久間が二役）。

両者のいざこざをうまくまとめた鶴田は、佐久間（おとよのほう）が行ったという満州まで出かけていく。ここで馬賊の頭領・山本麟一に会い、意気投合。対立している平幹二朗が頭領の馬賊とは遺恨を残しながら、佐久間と対面するも彼女は病で息を引き取る。東京に帰った鶴田は、おとよじゃないほうの佐久間と一緒になり、東野の跡を引き継ぐ。ここに登場するのが馬賊の平幹二朗で、彼は軍の中枢にいて全国のヤクザを満州に送り込むことを画策する。怒ったのが鶴田その人であった。

物語は以上のように、三つに分かれている。中では満州に行った鶴田が佐久間の死を前に号泣するところが特にいい。ここまで泣いた鶴田は、他の作品ではあまりお目にかかれない。あと、前半で鶴田のテキヤぶりが見られる。想像どおり下手で、これもめったに見られるものではない。

当初のヤクザ映画が、男女の恋のドラマに焦点が絞られていたのがこの作品から改めて確認できる。とにかく鶴田と佐久間の恋のドラマから、ヤクザ映画は始まっていたのである。二人の実生活上でのアツアツぶりも有名だったそうだが、後年佐久間と結婚することになる平幹二朗が、すでにこの『続飛車角』に登場していたのもなかなか面白い。

▼六三年……58点

【暴力団】

監督：小沢茂弘　脚本：村尾昭　撮影：仲沢半次郎
音楽：小杉太一郎
出演：鶴田浩二　梅宮辰夫　本間千代子　志村喬　高千穂ひづる　多々良純

ある街に、刑務所から一人の男・鶴田浩二が帰ってくる。「変わってねえな」と鶴田。子分格に梅宮辰夫と多々良純。組というより、愚連隊の集まりみたいな三人だが、対立する組織は鶴田の復帰で動揺する。梅宮と多々良が対立する組織に殺されていく過程で、鶴田は復讐の機会を探り、ついに単身乗り込んでいくことになる。

――というようなありきたりなヤクザ映画の物語に、医者・志村喬が鶴田らに大きな関わりを持つのがこの作品の特徴だ。本作の見所は、実は志村と鶴田の〝対立〟部分にある。ここでの志村は〝酔いどれ〟ていないものの、まさに黒澤明監督の『酔いどれ天使』の役柄そのまま。『酔いどれ天使』での志村と三船敏郎の関係を、志村と鶴田に当てはめてみればいい。志村のところに出入りする梅宮の恋人・本間千代子の役柄も、『酔いどれ天使』の久我美子に似ていないことはない。

志村は、鶴田の虚飾に彩られた生き方を批判する。周辺の貧しい子どもたちが鶴田の羽ぶりに憧れるが、志村はこれを叱りつける。そしてラスト近くで志村は、ワルの情けないところ、つまりみじめったらしさを子どもたちに見せてくれと鶴田に迫る。そうすれば、子どもたちは鶴田に憧れて同じ道を行くことはないというのだ。鶴田は怒鳴り散らすが、警官たちに囲まれた最後の銃撃戦で鶴田は、まさに志村が頼み込んだような態度を見せる。二人の〝密約〟を知らない子どもたちが、鶴田に幻滅を感じたのはここで指摘するまでもないだろう。

任侠映画の最初の作品と言われた『人生劇場　飛車角』と同年に作られた本作は、後年花開く鶴田の『博徒』ものにつながりを持ちつつ、道徳的な人情話も充分に織り込まれているのが興味深い。この作品に見られたような有名作品からの〝いただき〟は、当時は常識であったろうし、まだまだヤクザ映画そのものに徹し切れない時期でもあったのだろう。逆に言えば、過去の映画へのこだわりを完全にふっ切った時にこそ、東映ヤクザ映画の本当の進攻が始まる。その過渡期の役割をこの作品は担っているように思われた。

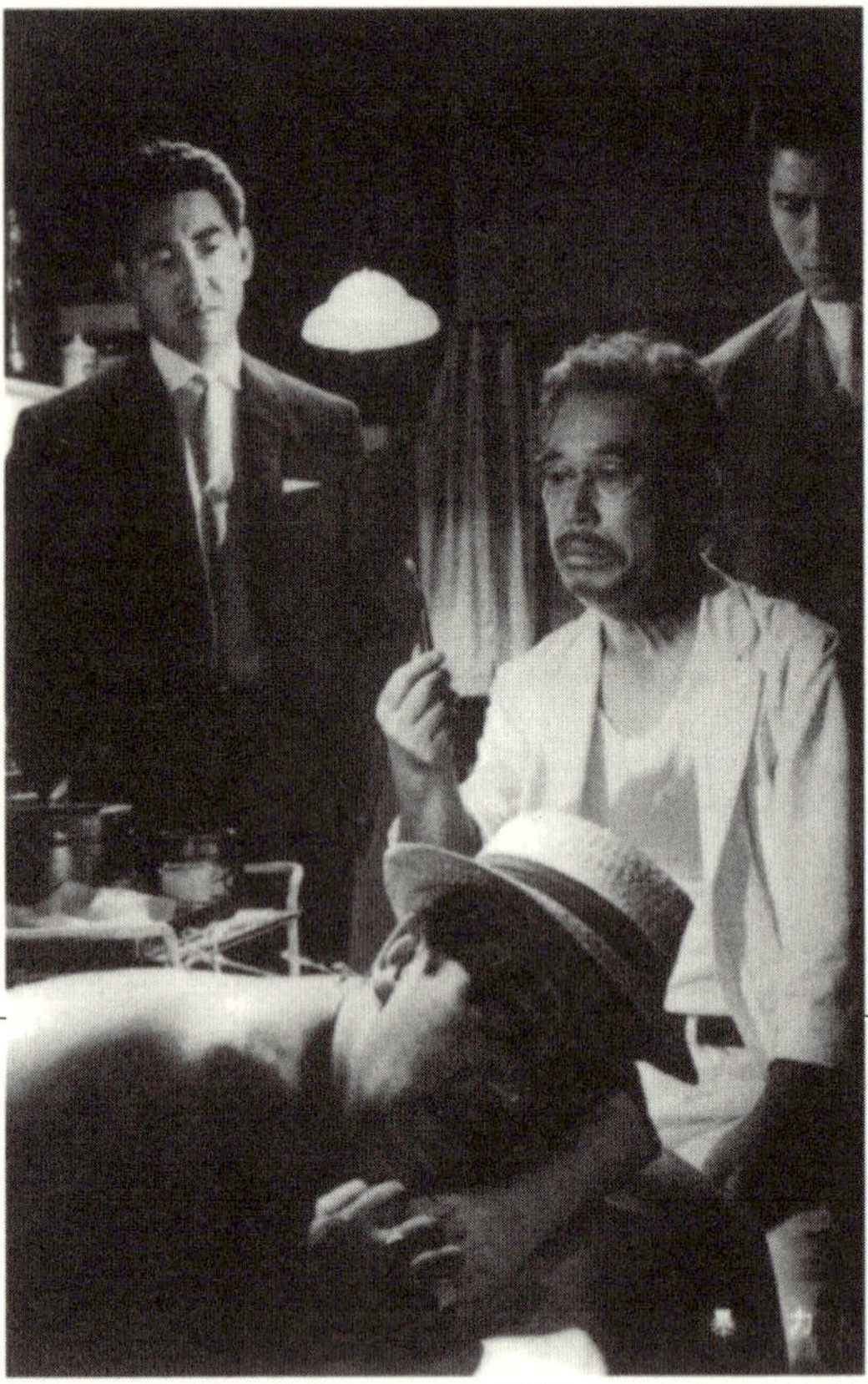

鶴田浩二　多々良純（前）　志村喬　梅宮辰夫（右後）

▼六四年……75点

【日本侠客伝】

★

監督：マキノ雅弘　脚本：野上龍雄　笠原和夫　村尾昭
撮影：三木滋人　音楽：斎藤一郎
出演：高倉健　中村錦之助　藤純子　三田佳子　南田洋子　長門裕之

任侠映画の代表的シリーズの記念すべき第一作目。明治時代の東京・深川が舞台。運送業の縄張りをめぐって、新旧の一家が対立する。老舗の親分が伊井友三郎、新興勢力の親分が安部徹。病に倒れた伊井老舗一家は弱体化し、今で言う価格破壊で木材店などに果敢に攻勢をかけた新興勢力が、大きな力を得るに到る。ここに帰ってきたのが老舗側の高倉健。高倉は小頭となり、悪どい商売で勢力を広げる新興一家に勝負を賭ける。

中村錦之助が、特別出演（と字幕に出る）している。老舗一家の客分となっているヤクザで、木更津から流れて女（三田佳子）と暮らしている設定。中村は、安部らと女をめぐってトラブルを起こしたことになっている。映画史的には、本作の主演をケって助演に回ったというが、今観ればこの選択は正しかったと言わざるをえない。錦之助の資質は、非常に甘いところに良さがあって、この甘さが任侠映画の中では主流派にはなりえなかった資質のような気がするからだ。

この甘さは、高倉健や鶴田浩二、そして菅原文太らのヤクザ映画を観慣れている人からすると、ちょっと驚くくらいのものだと思う。女から去る高倉、女をいつくしむ鶴田、女の体を欲しがる菅原らと比べてみると、錦之助は彼ら以上に女との〝関わり合い〟が深いように見えるのだ。これは理屈ではない。何といっても、高倉、鶴田、菅原は、最後の殺陣回りが絵になるのに対して、本作の錦之助はそれほど密着感はないのに、女（三田）と一緒にいるほうが絵になるのである。

不思議といえば、不思議だ。錦之助の時代劇における代表作と言っていい『宮本武蔵』五部作や『遊侠一匹』などでは、彼の魅力的な殺陣回りは充分な絵となっていた。それが仁侠映画となると、甘さばかりが目立つ。これは、特別出演ということで彼が少し演技を抑えたことからきているのか。はたまた、俳優の資質そのものに原因があるのか。錦之助はその後仁侠映画から離れてしまうから、その判断は非常に難しいのだが。

高倉の出世作ということを超えて、『日本侠客伝』は様々なことを考えさせられる。高倉と恋人・藤純子のからみ。ここで高倉は、数年後の彼の作品では考えられないくらい藤にストレートな言葉を発する。久々に会った最初の言葉が「見違えたなあ」だし、二人で夜店を歩く時の楽しい雰囲気も、他の作品ではあまり見られないくらい〝激しい〟。彼に岡惚れとなる芸者の南田洋子にも、「いい姉さんになったなあ」と言ってしまうくらいの高倉なのだ。

マキノ雅弘らしく、最後の殴り込みに主題歌はかからない。安部徹との対決も一対一であり、最後は様々な機械が満載の工作室のような場所で高倉と安部はぶつかり合う。その前段、松方弘樹、田村高広らと同道すると見せかけて、それぞれが敵の刃に遭い、結局は高倉一人で殴り込んで行く設定も面白かった。深川の情緒たっぷりに描かれる仁侠の世界は、マキノの真骨頂であり、老舗の家の中にさり気なくトビのまといが置かれてあったりするところは、さすがと言わざるをえない。

三田佳子と中村錦之助

▼六五年……78点

【日本侠客伝　浪花篇】★

監督：マキノ雅弘　脚本：野上龍雄　笠原和夫　村尾昭
撮影：三木滋人　音楽：斎藤一郎
出演：高倉健　鶴田浩二　村田英雄　里見浩太郎　長門裕之
南田洋子　入江若葉　八千草薫　藤山寛美　大友柳太朗

大正九年の大阪港。弟を事故で亡くした仲仕の高倉健が、弟の遺骨を貰いに仲仕をたばねている一家を訪れる。そこでけんもほろろにされた高倉は、港周辺に屯している仲仕たちのグループに入り、港をめぐって二つの一家が対立しているのを知る。堅気の一家の親分が内田朝雄、ヤクザの一家の親分が大友柳太朗。内田には村田英雄、大友には天津敏の子分がついている。高倉は村田に買われて、堅気の一家で力を発揮する。二つの一家の対立が激しくなる中、娼婦の引き抜きをきっかけについに高倉は日本刀を手にする。

マキノ演出は、実に艶っぽい。『日本侠客伝』に続いて、仲仕・長門裕之、娼婦・南田洋子を配し、映画は高倉健というより、ほとんど長門、南田のラインで進んでいくと言っていい。ただし、今回はこの二人が愛し合うのではない。長門は南田の妹分にあたる八千草薫と、南田は大友一家に後半身を寄せる鶴田浩二と男女関係を持ち、この二つの愛の形が、映画の中心部に位置することになる。たとえば前者の場合。『日本侠客伝』の長門と南田のように、長門は最初八千草に冷たくされる。しかしそれが、南田の口から擬態にすぎないことを指摘されるも、二人の心がすぐに通い合うことはない。二人のこの〝イライラ〟が、マキノ演出の実にいいところなのだ。

もちろん、八千草は長門のことを思っている。大友側の八千草引き抜きをきっかけに、二人は仲仕たちの助けもあって一緒に逃げようとする。しかし、長門は一人大友側に捕まり、あっけない死を迎える。一方、南田を大友にさらわれたと知った鶴田は、大友のところに出向くが、何と南田は不慮の死を遂げていた。鶴田が慕っていた内田側の村田英雄の死な

【日本侠客伝　浪花篇】

八千草薫　高倉健　長門裕之

どもあり、鶴田は大友への不信感を募らせ、結果的には高倉とともに殴り込みをかけるのである。

マキノ演出が艶っぽいと言った意味は、最後の殴り込みの背景に、男女の仲が大きく反映していることによる。直接的なきっかけではなくても、物語をたどっていくと男女の関係にぶち当たる。高倉健にしても、しっかり露店商の入江若葉がついている。周囲にいる仲間たちが、この二人の仲を冷やかすのだが、いかにもといった言葉が続くのに少々古い感じがしながらも、この〝やり方〟がマキノなのだと納得させられる。しかし、本作の中心部にいるのは、やはり死んでいく長門と南田である。

大友柳太朗の悪役は適役ではないが、あの人の独特のエロキューションは健在だった。もっと見せ場を作ってもよかったと思うが、マキノの関心はいかんせん〝そこ〟にはない。ラストの斬り込みなどあっけらかんとしたもので、少々拍子抜けするくらい。終幕の歌は、村田英雄が歌っていた。

▼六五年……………………72点

【日本侠客伝　関東篇】★

監督：マキノ雅弘　脚本：村尾昭　笠原和夫　野上龍雄
撮影：吉田貞次　音楽：斎藤一郎
出演：高倉健　南田洋子　長門裕之　丹波哲郎　鶴田浩二
藤純子　天津敏

シリーズ第三作目で、大正十二年の築地魚市場が舞台。冒頭の字幕に、関東大震災をきっかけに東京の魚市場は日本橋から築地に移ったと出る。ここにやってきたのが〝船長〟と呼ばれる船の機関士・高倉健。築地は、天津敏率いる新興勢力が、問屋の新組合を結成して魚市場の勢力図に異変が起きていた。新組合に反旗を翻しているのが、南田洋子を社長とする老舗の問屋。魚の積荷を扱う人足たちは、長門裕之を筆頭に南田側についている。

高倉健の明るさが、全面開花した作品と言っていい。前二作以上に、高倉のキャラクター付けに好感がもてる。直情径行で底抜けに明るい、任侠映画の後期や現在の役どころからはあまりうかがえない彼の魅力が、本作では何の濁りもなくあふれ出ている。長門と高倉が、ケンカの仲直りに飲んでいるところに南田がやってくる。長門が「ああいうの嫁さんにしたら、絶対尻に引かれるぜ」と言ったのを無視して、「いい女だな」と高倉。「まあまあな」と長門が続けると、高倉が「相当いいよ」と声を低くして言ってしまうやりとりが何とも心地いい。

南田のところで働こうと思って、「美人のいるところで働きたいんだ」といけしゃあしゃあと当の南田の前で言ってしまう性格ののびやかさ。大人になって着物を初めて着た高倉が、南田の妹・藤純子に「似合うでしょ。モテてしょうがないよ」と自慢をしてしまう憎めない所作。すべて、高倉の良さであって、南田が天津らに監禁されそうになった時、「それをしちゃあいけないよ、ヤクザ君」とその場に入ってくる粋な持ち味は、他の作品で見られることはない。

数あるヤクザ映画の中で、「ヤクザくん」というセリフが出てきたのは、これ一本ではないか。高倉は数度このシーンで「ヤクザくん」を連呼するが、これほどヤクザというものをおちょくったセリフは、私は聞いたことがない。セリフといえば、高倉が焼津の網元・丹波哲郎に魚の荷上げを頼みに行った時、丹波は高倉のことを「のんき坊主」と言ったのだ。よく分からないが、何となくこの「のんき坊主」はいい。本作の高倉に、ピッタリの言い回しになっている。丹波は出入りの時にも、この「のんき坊主」を連呼する。よほど気に入ったのだろう。

と言いながらも、本作もやっぱりマキノ監督ならではの男女関係の描写が、物語の中にぎっしりと詰まっている。長門と意外や藤純子の関係。高倉と南田の間には、あとからヤクザの鶴田浩二が入ってくる。このシリーズは、高倉健の出世作として有名だが、三作目までは見事に長門と南田の映画にもなっていた。それを促したのが、やはりマキノ雅弘ということになるだろう。前作の村田英雄に代って、北島三郎が鶴田の弟分で出演している。村田と同じように、映画の中で自慢の喉を披露する。二人とも映画半ばで殺されてしまうのが共通していた。

高倉健　北島三郎　長門裕之

▼六六年……69点

【日本侠客伝 血斗神田祭り】

★

監督：マキノ雅弘　脚本：笠原和夫　撮影：わし尾元也
音楽：斎藤一郎
出演：高倉健　藤純子　藤山寛美　河津清三郎　野際陽子
鶴田浩二　長門裕之

前三作とはかなり趣を異にする作品のように見える。つまりこのシリーズは、マキノ節とでも言っていい男女の恋の駆け引きやさやあてが、深川木場（一作目）、大阪港（二作目）、築地・魚市場（三作目）といった市井の人たちの仕事現場を舞台にして描かれ、そこを起点に幾つかの出入りの修羅場が織り込まれてきた。三作目までは、この中心点に長門裕之と南田洋子の存在があり、それぞれにバリエーションは違ったが、ドラマの骨格は明らかにこの二人が作り上げていた。もちろん出入りの修羅場は、高倉健が担った。高倉自身も、男女の関係の中に組み込まれていくが、長門や南田の切実な思いからはちょっとズレていくものがあった。

それが本作では、長門が全くの脇に回って前三作

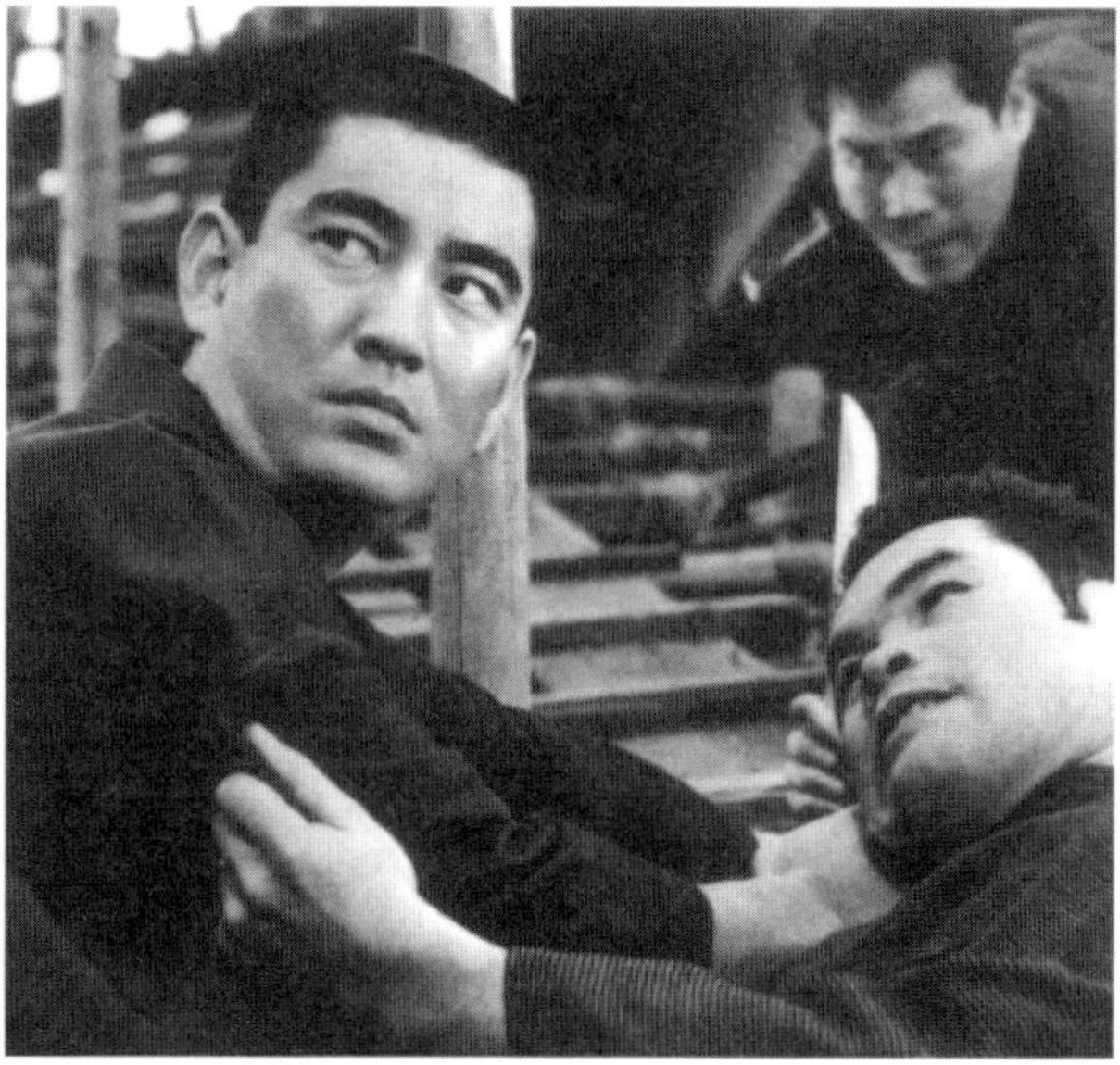

高倉健

の役柄を大きく変え、南田に到っては登場することさえなかった。だから、本作にあたっては高倉が、男女の関係と出入りの両方を一手に引き受ける。ただ周知のように、高倉が女関係にからむと、その描写なり感情の起伏が非常にフラットなものになってしまう。これには高倉のいい面と悪い面が出る。シリーズ前三作では、その直情径行型がいい面として描かれた。しかし本作では、最後まで好きになった亭主持ちの藤純子（後半では未亡人になってしまうのだが）に心を許すことがなかった。

一つ言えることがあると思う。この『血斗神田祭り』あたりから、任侠映画のエースたる高倉健の役割が固定化し始めたのではないかということ。つまり『昭和残侠伝』などにすでに顕著であった、思いを寄せる女性に対してそれほど積極的な態度をとらず、ストイックな立場を崩さないまま殴り込みに赴くヒーローのイメージ。これが『血斗神田祭り』あたりで大きく出てきた感じがうかがえるのだ。ここに到ってマキノ型の、男女の間で複雑な感情が入り乱れ、それが映画の一種の艶っぽさになっていた独特の味が剥ぎ落とされていく。前三作と本作が趣を異にしているのは、このあたりに大きな原因があったように見える。

映画は大正十年が舞台。東京・神田の火消し一家と、老舗の呉服屋を乗っとろうとするヤクザ一家の対立を描く。火消しの親分が河津清三郎、ヤクザ一家の親分が天津敏。ここに関西からやってきたヤクザ・鶴田浩二の話がからみ、火消しの高倉健が最後にはヤクザ一家にさらわれてしまう呉服屋の未亡人・藤純子を救出すべく殴り込みをかけていく。どうしても火消しに加わりたくて関西からやってきた男が藤山寛美（刺青をして火消しになる）、鶴田を追ってくるヤクザが長門裕之（前三作とは違って、実に陰惨な風貌で登場する）。

物語的にも、鶴田がらみのシーンがうまくいっていない。高倉の前に、世話になっていたヤクザ一家に単身出かけていくのもあまり説得力がなく、一緒に東京に来た組の〝ごりょんさん〟の野際陽子（肺を病んでいる）との関係も今一つしっくりきていない。藤山寛美もいつものような演技の張りがなく、後半では出番が極端に減っていく。シリーズものの難しさを痛感させる作品であったと言えよう。

▼六七年……62点

【日本侠客伝 白刃の盃】

★

監督：マキノ雅弘　脚本：中島貞夫　鈴木則文
撮影：わし尾元也　音楽：斎藤一郎
出演：高倉健　藤純子　菅原謙二　長門裕之　大木実　伴淳三郎
松尾嘉代　清水元　天津敏

シリーズ第六作目だが、少々マンネリ気味となっている感が強い作品。昭和のはじめ、舞台は千葉の銚子。堅気になって運送業を興している一家の親分に菅原謙二。かつては菅原と同じ一家にいて、兄貴分の大木実が出入りで刑務所に入ったため、跡目を次いでヤクザの一家を構えたのが天津敏。菅原は亡くなった先代・内田朝雄の息子だったが、堅気になって運送業を営んでいるという設定である。

もちろん天津が、菅原にちょっかいをかける。菅原が持っているトラック運送を、自前でやってしまおうと、荷の搬送権利を持つ地元の魚仲介業者組合長・清水元を取り込む。そのころの運送は馬車が主流。〝近代的な〟トラック運送を菅原に握られているため、一気にトラックを増やして荷受けの権利を牛耳ってしまおうというのだ。ここに登場するのが、元ヤクザの高倉健。病気の妻・藤純子とともに銚子に流れてきたのだが、藤の体調が悪くなったのをきっかけに、菅原のところに厄介になる。

この作品で異彩を放つのは、敵役の天津敏だろう。天津は、主役格にあまり迫力がない作品だと、とたんに光り出す不思議な俳優だが、本作でもいささか存在感の薄い高倉健と比べてみると、なかなかに印象が深い役柄になっている。清水元の娘を強引に女房にしてしまおうというくだりで、その娘が拒否の態度をとるや、「あんな小便臭い女はどうでもいい」と清水に言い放つシーンはなかなかに〝説得力〟があった。そして大木実の女房で、艶っぽい松尾嘉代（これがなかなか初々しいのだ）に迫る過程でも、松尾がある取り引きをほのめかせば、嘘をついてちゃっかり彼女をいただいてしまうのも、天津ならで

【日本侠客伝 白刃の盃】

大木実　　伴淳三郎

はの〝説得力のある〟嫌味な役柄であった。

　こう書いてみると、物語や主演格の造型にマンネリ化が見えるものの、天津敏の憎たらしい演技がなかなか光っていたが故に、一見の価値のある作品と言えるのかもしれない。菅原のところにいる長門裕之と彼が通っている飲み屋の女・宮園純子との愁嘆場など、まさにマキノ節と言えるシーンもあってニヤリとさせられる。そしてさらに、運転手たちが通う食堂の親父で、かつては菅原の一家にいたこともある伴淳三郎が、大木実とともに敵方に殴り込みに行くシーンは特筆すべきものだろう。伴淳の持ち味である軽みの演技が、殴り込みの悲愴感を柔らげながら、それでも相手にドスを突き刺すあたりで迫力を増幅させるのはさすがだった。

▼六四年……65点

【博徒対テキ屋】

監督・脚本：小沢茂弘　脚本：村尾昭　撮影：古谷伸
音楽：斎藤一郎
出演：鶴田浩二　松方弘樹　大木実　藤純子　片岡千恵蔵
近衛十四郎　島倉千代子　加藤嘉

明治時代のエンコ（浅草）が舞台。縁日の露天商からショバ代をとっているある一家に、女郎屋をやっている別の一家が博徒を助っ人にしてチョッカイを出す。どうやらエンコ一帯を仕切っている寄り合いのような連合体があり、そこでそれぞれを縄張りにしている組筋のいさかいらしい。博徒は、文字通り賭場のテラ銭が収入源だから、それらの組筋は博徒とは言われていない。ある一家の助っ人になる博徒は、北関東方面から〝出っ張っている〟。このあたりの関係はちょっと分かりにくいのだが、それぞれを演じている俳優によって、いいモン、悪いモンがわかる仕掛けになっている。

露天商を仕切るいい親分が、片岡千恵蔵。女郎屋をやっている悪い親分が、近衛十四郎。助っ人の悪い博徒が、安部徹。エンコにいる、いい博徒の親分が加藤嘉。そして千恵蔵の息子が、鶴田浩二と松方弘樹。ただし鶴田は、千恵蔵の女房が別の女に生ませた息子であり、博徒の加藤のところに身を寄せている。札つきだが、一本気なところのあるいいモンの男である。松方は実直そのもので、露店商を手伝っている藤純子といい仲。こうしたエンコの博徒やテキヤの事情が描かれる中、大資本のデパートがエンコに進出してくることになる。

注目したいのは、片岡千恵蔵という名が配役のトップに出てくることだ。二番目は鶴田浩二だが、六四年というこの映画の製作時は、任侠映画路線がスタートして間もないころであり、まだまだ東映時代劇のころのスターが任侠映画に駆り出されていた。近衛十四郎なども、もちろんそう。ただし六四年製作の『日本侠客伝』（監督・マキノ雅弘）の主演が中村錦之助に当初決まっていたが、中村自身の事情で

藤純子と松方弘樹

脇に回ったこともあった。この場合は、高倉健が主役に抜擢されることになるのだが、とにかく六四年あたりでは、時代劇スターと任侠映画スターとの、ちょっとした混合ぶりが見受けられたのである。

片岡のセリフ回しが、時として〝遠山の金さん〟風になったりして、今観るとなかなかに味がある。当時としては、時代劇の呪縛からなかなか抜けられないそうしたことが批判されたのかもしれないが、時が経てば、なんとも摩訶不思議な味わいになっていると言うべきだろう。ただし、片岡自身はやはり任侠映画には異和感を覚えたことは想像に難くない。

小沢茂弘の演出は、例によってソツがない。任侠映画の初期の作品として、堂々たる風格を持っている。この作品の中で、警察側の人間として、丹波哲郎が登場しているのも見逃せない。後年、『組織暴力』や『続組織暴力』で、正義感あふれる刑事役を演じるが、初期の任侠映画ですでにその片鱗が出ていた。ラストで、敵側に殴り込んだ鶴田を片岡が迎えるのだが、その場面に忠臣蔵的な終幕の趣があったことも付け加えておきたい。

▼六六年……77点

【博徒七人】

監督：小沢茂弘　脚本：笠原和夫　撮影：鈴木重平
音楽：斎藤一郎
出演：鶴田浩二　藤山寛美　山本麟一　待田京介　小松方正
山城新伍　大木実　桜町弘子　西村晃　金子信雄

任侠映画全盛のころに生まれた群を抜く怪作にして、日本映画史の中でも特筆に値する作品。タイトルの〝博徒七人〟が全員身体障害者という設定にまず度肝を抜かれる。脚本は笠原和夫だが、製作の俊藤浩滋、日下部五朗とも、よくこの企画を通した。映画で説明されたとおりに言わせてもらうと、片眼が鶴田浩二、片腕が藤山寛美、めくらが待田京介、片足が山本麟一。そしてバケモノ（顔にアバタ）が大木実、おしにつんぼが山城新伍、せむしが小松方正。

鶴田、藤山、待田、山本の四人が、本土から離れた島のある一家に用心棒として連れて行かれる。ここでは、山の採掘権をめぐって二つの組が対立しているが、四人は金子信雄を親分とする一家に居候する。もう一方の一家の親分は佐々木孝丸。佐々木の娘で鉄火肌の桜町弘子が、冒頭付近で鶴田、藤山を用心棒として雇おうとするが、結局二人は金子側に行ってしまう経緯が描かれている。大木は佐々木側についている暴れん坊。金子は、大木に手を焼いていて、四人の用心棒を助っ人にして採掘権を奪おうとしているわけだ。

明らかに、物語の下地は黒澤明の『七人の侍』である。『七人の侍』ならぬ黒澤の『酔いどれ天使』の志村喬に匹敵しそうな酒好きのドクター・西村晃の登場もあり、まさに黒澤映画の様々な〝焼き直し〟に彩られた作品だと言っていい。笠原和夫が、よく黒澤映画のことを語っているのは広く知られており、黒澤映画へのオマージュが、そのような形をとっただろうことは想像に難くない。しかし、笠原の凄いところは、単なる〝焼き直し〟ではなく、黒澤映画のある種まっとうな作劇術を、いとも簡単に引っくり返してしまったことにある。

主要登場人物の七人を、全員肉体的欠陥者にするなどという発想は、生半可なところからは出てこな

山本麟一　待田京介

い。これは、作者側の強固な〝思想〟である。人は、身体障害者が大きな見せ場を作っている映画といえば、まず多大な興味を持つだろう。好奇心であり、覗き見的関心である。この映画は、そうしたことから自由ではありえないであろう。しかし映画を観てびっくりするのは、そこに何らの情緒性や差別性や見せ物性が介在していないことであった。肉体的欠陥者たちが、最終的には一致団結して金子側に攻撃を仕掛ける展開に見事に〝淀み〟がないのだ。

もし見せ物性にこだわるのなら、各々の欠損部分を強烈にアピールしうるシーンが多かったことだろう。しかし、映画はそれをしない。ただ単に、ふつうの殺陣回りが、それこそ当たり前に行われるだけなのである。もちろん、個々にその攻撃のバリエーションは変えてある。針投げ、鎌、ピストルなど。しかしそれは攻撃のバリエーションの多様性であって、身体障害の見せ物性を誇示するためではない。

情緒性が、一切ないのが素晴らしい。身体障害者だから同情するとか、逆に彼らが卑屈になるとか、そうした情緒性のかけらもないのが、この作品を日本映画史の中で特異な位置に押し上げていると言っ

ていい。もちろん、差別用語はたくさん出てくる。しかしそれは、敵側の口から出てくるもので、生死を賭けて闘っている以上、それは敵側の当然の対応なのだと考えられる。七人自身、そうした言葉に何の反応も示さないのが、この作品の大きな〝思想〟でもあった。

任侠映画のパターン化を、何とか揺り動かそうとしたのが、脚本の笠原和夫だったのだと思う。それは、彼の作品歴そのものが物語っている。書き切れていないところが多くあったのは想像に難くないが、この『博徒七人』が日本映画史の中で貴重なのは、登場する身体障害者たちを、何らの見せ物性を介在させずに見事にアクション化しえたことにあると私は思っている。

▼六八年……59点

【博徒列伝】

監督：小沢茂弘　脚本：笠原和夫　撮影：鈴木重平
音楽：渡辺岳夫
出演：鶴田浩二　藤純子　若山富三郎　高倉健　北島三郎
大木実　菅原文太　北林早苗

昭和初期の東京・芝浦が舞台。喧嘩屋の異名をとる博徒一家の鶴田浩二は、跡目を兄弟分の大木実に譲る。しかし、優柔不断な大木は、土木関係のシマを大物一家の河津清三郎に奪われ、何と河津と兄弟盃を交わしてしまう。そのまやかしにやっとのこと気づいた大木だったが、すでに時遅し。河津の手下に殺され、喧嘩屋の鶴田が芸者・藤純子を振り切って仇を果たす。

『博徒』ものは、鶴田浩二が主演を張り、高倉健が脇に回る。本作もそのパターンどおりで、これも〝常連〟の若山富三郎が、藤に惚れるも鶴田の男を立てる。と、ほとんどがパターンどおりながら、本作で最も異彩を放つのが、河津の手下になる荒くれ七人衆だろう。『博徒七人』（監督・小沢茂弘）でも、異様な風体の七人衆が描かれていたが、この作品でも片目、アザなど異様な風貌の男たちばかりが登場する。演ずるは、リーダー格が天津敏、名和宏。冒頭付近、土煙が舞う中から七人が現れてくるのは、黒澤明の時代劇そっくり。脚本は、『博徒七人』も書いた笠原和夫。少しでも、ルーティン化しつつある任侠映画に、異種の血を呼び込まんとする意欲の表れだろう。

しかし、結局は任侠映画のパターンを崩すことはできなかった。一種の意匠の役割しか、異貌の七人は果たしていない。いわば、彩り。本来なら、この七人衆が悪の権化となって鶴田と闘うことになるはずなのだろうが、結局は老舗ヤクザの元締・河津の斬り込み隊としての位置にしか立つことができなかった。六八年当時、かなり煮詰まってきた時代の一風変わった任侠映画と言っていいだろうか。

菅原文太　高倉健　鶴田浩二

▼六五年……………79点

【網走番外地】

★

監督・脚本：石井輝男　撮影：山沢義一
音楽：八木正生
出演：高倉健　南原宏治　嵐寛寿郎　丹波哲郎　安部徹　田中邦衛　風見章子

あの独特のメロディから、高倉健の〝網走番外地〟の歌が流れるファーストシーン。北島三郎主演の『兄弟仁義』シリーズとはまた別の意味から、本作もこの〝網走番外地〟の曲が映画の中心部に位置していると言っていいだろう。映画の歴史に、映画音楽が内容そのものを凌駕して一人歩きし、作品そのものと化してしまう場合がある。『網走番外地』も、まさにその一本（シリーズ）。スタンリー・クレイマー監督の『手錠のままの脱獄』を下敷きにしたらしいが、今観ればそれほど中身的にインパクトのあるものではない。しかし、あの曲と歌があるために、東映の任侠映画の中でというより、日本の映画の歴史の中で独特の位置を築いている作品になった。

もちろん、いいシーンもあった。雑居房の刑務所の中で、安部徹、南原宏治が画策した脱獄が、それまで素性を明かさなかった年長の嵐寛寿郎によって失敗するシーン。嵐が息の根を止められようとする寸前、嵐のドスのきいた声が流れる。「やるなら、やってみなさい。しかし、誰か一人一緒に連れていきますよ」と言って、安部らをジロっと見つめる。ここで一同、身が竦《すく》んでしまうのだ。「あんた、いったい誰なんだ」。ここでやっと嵐が、八人殺しの罪で長期刑になっていたのが分かるのだが、それを知った囚人たちがシュンとなってしまうのが何とも面白い。藤沢周平の時代劇小説に出てきそうな、小気味いい名場面であった。

この作品は低製作費が多かった東映東京作品ということでモノクロの映像。今観れば、このモノクロ映像がすごくいいのだ。極寒の北海道の大自然が、暗い映像の中で生々しい輝きを見せている。おそらく本作は、映画の中身を超えたイメージを人々に与

高倉健

えていると思う。タイトルと歌と高倉健。そして明快にドラマの骨格にある、〝母〟への憧憬の叫び。人々の暗い情動に激しく訴えかけてくる、犯罪者の魂が込もっている作品とでも言えようか。

再び曲の話をすれば、歌そのものの素晴らしさは申し分ないとして、歌に入る前のイントロの哀切極まるエレキギターの音色が特にいい。大波ザブーン（東映内部では〝荒磯に波〟と銘名）の東映マークにかぶって流されるのだが、とにかく問答無用に頭にこびりついてくるほど出来がいい。私見では、数あるヤクザ映画の主題曲の中で、この『網走番外地』の曲が最高であると思っている。

それと、モノクロ映像の中、白いコートをはおった高倉が新宿・歌舞伎町の雑踏を駆け足で行くシーンが、何とも言えない、いい効果を上げているのも付け加えておきたい。

▼六五年……67点

【続網走番外地】

★

監督・脚本：石井輝男　撮影：山沢義一　音楽：八木正生
出演：高倉健　三原葉子　アイ・ジョージ　瑳峨三智子　嵐寛寿郎　田中邦衛

モノクロ映像の第一作目が大ヒットしたことから、本作からカラー映像として製作された。内容は第一作目からすると、びっくりするくらいの変わりよう。タイトルどおり、網走の刑務所ドラマとして一作目は作られたのだが、この第二作目には刑務所自体がそもそも登場しない。いわば網走帰りの主人公・橘真一をめぐるドラマ仕立てになっているのが、第一作目との大きな違いと言える。

函館から青函連絡船に乗ろうとしている橘役の高倉健と弟分のアイ・ジョージ。二人は網走から出てきたばかり。ここでスリの瑳峨三智子に出会う。船では宝石の運び屋やドサ回りのストリッパーらがいる。盗まれたばかりの宝石を待っているのは、第一作目で高倉と一緒に刑務所にいた安部徹。安部はすでに一家を構え、この宝石が無事運ばれてくるのを待っていたのだが、マリモに隠されていたその宝石が高倉らの手に渡ったために混乱が生じ、両者は対決の時を迎えることになる。

物語自体は、かなりありきたりなものである。一種荒唐無稽とも言ってよく、到るところに破綻がある。それに目をつぶってしまえば、いかにも石井演出らしいバカバカしい描写に充分納得ができる。たとえば、ストリッパー役の三原葉子（新東宝時代からの石井の〝盟友〟）が何故か賭場に行き、金がなくてパンティーとブラジャーになってしまうシーン。物語と何の因果関係もないように見えたこのシーンが、実は彼女が手にしていたマリモが胴元に渡ってしまい、それを取り返しに来た高倉も賭場で窮地に陥り、ついに第一作目で囚人たちを震撼せしめたあの鬼寅役の嵐寛寿郎が登場するといった物語の流れを形作る。

三原をパンティーとブラジャーにさせてしまう必

三原葉子と高倉健

要はないのだが、三原だからこそそこまでやらせなくてはいけないということを石井はよく分かっている。新東宝時代から彼女はそういうキャラクターなのであり、その一見ハチャメチャな描写が嵐寛の登場を誘い出しているのだから、見事といえば見事と言っていいシーンなのであった。

石井演出の最も冴えたところはラスト近く、高倉と安部の子分である室田日出男がマリモの宝石をめぐって、各々の人質になった瑳峨と安部を交換するシーンであろう（何と安部は高倉側の人質になってしまう。このあたりはムチャクチャ）。東北のどこかの火祭りの中、その交換をしようというのだが、何故かみんなお面をかぶって踊りまくっている。高倉の後にはいつの間にか、手を振りながら嵐寛も続いているではないか。まあ、このあたりで大笑いであり、俳優たちがみんな大真面目に演技しているのが何ともバカバカしいのである。

愛すべきシリーズ第二作目であった。刑務所以外の高倉健をめぐるドラマを描くというパターンが、この第二作目で決まったと言っていいだろう。とにかく〝明るい〟高倉健がいい。

▼六五年……65点

【網走番外地　望郷篇】★

監督・脚本：石井輝男　撮影：稲田喜一　音楽：八木正生
出演：高倉健　嵐寛寿郎　桜町弘子　杉浦直樹　安部徹　中谷一郎　田中邦衛

高倉健演じる橘真一が、故郷・長崎に帰ってくるシリーズ第三作目。『望郷篇』というタイトルは、『男はつらいよ　望郷編』にインスパイアされたかと考えたが、何と『男はつらいよ　望郷編』のほうが製作が後だった。高倉は、昔世話になったことがある堅気のある一家に居を構える。港湾の沖仲仕を仕切るこの一家の親分は嵐寛寿郎。堅気という言葉は、嵐の口から高倉に伝えられている。例によって、別の一家が沖仲仕の仕切りに割り込んでくる。ここの親分が安部徹。安部は一作目で囚人の一人に扮していたが、二作目に続いてこの三作目でも本来のワルの役柄を全う。相変わらずの憎々しさが、なかなかいい味を出している。

今回の石井輝男演出は、日活のアクションに影響されたのではないかと思われるシーンが随所にある。安部の助っ人に、八人殺しの殺し屋・杉浦直樹が扮しているのだが、この人の登場シーンが結構笑わせる。安部の子分格の小林稔侍が、「兄貴」と言って助け舟を出してもらう時、何と〝カラス、何故泣くの〟の口笛が聞こえてくるのだ。そこには後姿の杉浦がいる。振り返るや黒のサングラスの杉浦が、ポーズたっぷりに高倉のほうに進んでくる。この幾分喜劇的な登場の仕方が、日活のアクションと非常に似ているのだ。もちろん杉浦は、以前は日活で活躍していた俳優だった。

ラストがまたふるっている。安部の子分に関山耕司がいるのだが、高倉はこの関山ともう一人のチンピラ、そして安部の三人しか殺さないのだ。これはその三人とのみ相対したのではなく、他の子分たちが全然高倉に向かってこないからである。安部が殺されるシーンでは、他の十人以上の子分たちはその〝光景〟を高倉の後ろで見ているだけ。高倉が〝コ

高倉健　　　杉浦直樹

ノヤロー〟と一言言い放つや、パッと散ってしまう不思議な殺陣回りなのだ。

しかもその後、またあの口笛が流れてくる。なんと今度の杉浦は、白の上下の背広。手には手ぬぐいを持っており、咳をしてそこには血がべったりとついている入念さ。二人の立ち会いはストップモーションが多用されており、一気に勝負がつく。そこでの杉浦の一言。「あんたの（傷）は七ハリで治るぜ」。外に出ていく杉浦が、ばったり倒れてしまうのは付け加えるまでもない。

因みに小林稔侍と同じチンピラ役で石橋蓮司が出演していて、細身の体躯で暴れ回っていた。とにかく、第二作目のバカバカしさとも異質の稚気あふれた作品であった。

▼六六年……66点

【網走番外地　北海篇】★

監督・脚本：石井輝男　撮影：稲田喜一　音楽：八木正生
出演：高倉健　嵐寛寿郎　田中邦衛　千葉真一　杉浦直樹
由利徹　大原麗子

シリーズ第四作目。橘真一の高倉健は、短期刑で網走に服役している。仲間の千葉真一の依頼を受けた高倉は、保釈期間中にある荷物の運送を手伝う。ここの運送業者から金を取りはぐれた千葉のため、高倉は運転手をすることでその金を前借りしたのだが、その荷物の搬送を見とどけるためにトラックには二人の男、安部徹と藤木孝が乗っていた。運送業社長の娘でもある大原麗子も何故か乗り込み、さらに途中で得体の知れない男・杉浦直樹、ケガをした子どもと付き添いの女も続々と加わり、北海道の雪の大地の中、トラックは突き進んでいくのだった。

――というような物語の道筋とは別に、網走刑務所内のバカバカしいまでの乱痴気騒ぎが、本作の大きな見所になっている。トラックの荷物をめぐる諸々の人間模様やアクションがつまらないというのではない。ラストのヘリコプターを使っての追っかけもがんばっているし、高倉の持ち味である直情径行型の物言いや明るいおどけも、前三作以上に出ていると言えるかもしれない。特に大原麗子の初々しさは特筆すべきであって、彼女のくっきりした眼の〝表情〟には瞠目させられた。黒眼が、少し濡れたかのような印象をかもし、その眼が四方八方に向かう時の美しさ。本作には何人かの未知の女優が出ているが、大原のみ〝素材〟が全く違っていた。

しかし、やはり本作の魅力、おかしさは、刑務所の中である。一言で表せば、それはオカマ劇のおかしさであり、それを演じる俳優たちが素晴らしい力量を発揮したために、この作品は深い印象を残すことになった。まずはじめに、二人のオカマ（ホモと言ってもいいが、ここはこの名称でいかせてもらう）が、サイレンが鳴り始めたために雑居房の四人全員

高倉健

が動揺する中、いちゃいちゃを始める。いちゃいちゃは由利徹と砂塚秀夫の二人が演じる。

映画はこのサイレン下の動揺を描いているが、由利と砂塚があまりにとんでもない態度を見せているので、この作品を観る者は動揺の進行はそっちのけでこの二人に注視することになる。砂塚が、ヒゲが生えた由利にかいがいしくしていて、このシーンはもうそこで大笑いである。由利の芸は、そうした下品さを背景にすると一層輝くのは、すでに〝コメディ史〟の常識であるが、このシーンでの由利はとにかく素晴らしい。砂塚の奮闘も特筆すべきで、よく見ると、砂塚は目張りと薄化粧をしているではないか。刑務所内でそんなことできるわけがないのだが、これは〝映画的リアリティ〟というやつであろう。バカバカしいことこの上ない。

オカマ劇のトドメは、新たに一人のオカマがその雑居房に入ってきた時である。演じる俳優はあまり知られてないが、これが見事な怪演ぶりを見せる。何と入って早々、パリ仕込みとやらで、わけのわからない変な踊りを始めるのだ。徹底したオカマ踊りで、これにライバル意識を燃やすのが砂塚。言い合いをする中で、最後は二人とも男言葉になり、怒鳴りあう面白さ。そして何と由利は、新入りに媚を売り目をパチパチさせている（この表情が凄い。余人には真似のできない芸である）。

はっきり言って、このあたりの冒頭シーンで、その後はどうでもよくなってしまった。新入りに迫られて、とんでもない顔をする高倉健の動揺ぶりもいい。監督の石井輝男が、とにかく大変な才能者であることがわかる一編と言っていいだろう。

▼六六年……74点

【網走番外地　大雪原の対決】

★

監督・脚本：石井輝男　脚本：神波史男　松田寛夫
撮影：稲田喜一　音楽：八木正生
出演：高倉健　嵐寛寿郎　吉田輝雄　田中邦衛　内田良平
大原麗子　上田吉二郎

見事な構成をもったシリーズ第七作目。作品のボルテージは相当のものであり、シリーズ中でも出色の出来栄えと言っていいだろう。構成の妙として、網走における懲役部分、北海道のある町のクラブを中心とした部分、そして大雪原を背景にしてのアクション部分がうまく配置されている。持分の時間はそれぞれ違うが、この三つのパートが異和感なく結びついて、作品のボルテージの高さを後押ししている。

懲役部分は、例によってオカマの囚人・由利徹が主役だ。この人の凄さには、いつも本当に感動させられる。懲罰房に入っている橘真一役の高倉健に、股間に入れてあった食べ物を渡すシーンのおかしさは圧巻だ。「お兄さま、食べなって」、フェイドアウト後の黒みの映像にも、由利の声でダメ押し気味に「食べで」と入るバカバカしさ。高倉は、その食べ物（何かはよく分からない）から、由利の股間からついた異物（！）をふり払ってマズそうに食べるのだが、その真面目くさった顔も、大笑いものだった。

『北海篇』で怪演を見せた俳優もオカマ役で健在だったが、この懲役部分で一番いいシーンは、看守の関山耕司にリンチを受けて死ぬ寸前の囚人・砂塚秀夫のために、高倉が何と〝網走番外地〟の歌を歌ってやるところだろう。高倉が映画の中で歌うのは珍しいと思う。それも、極めつけの〝網走番外地〟なのだから、これはシリーズ中の名場面であることは間違いない。

北海道のある町（ノサップ岬の近くらしい）では、上田吉二郎率いる一家がクラブ（らしきもの）をはじめ一帯を仕切っている。高倉は亡くなった砂塚の家をたずねるという設定だ。このクラブには、古参の若水ヤエ子の他に、他の地域から何人かのホステスがやってくるのだが、一人の客をめぐって両者がやりあうシーンがある。これがまたどぎつい。トサカが立ったような髪形の若水。他のホステスの面妖もグロテスクで、石井演出の真骨頂と言えよう。

この部分での見せ場は、上田の忠実な部下だった八人殺しの鬼寅・嵐寛寿郎が、ニセ鬼寅になりきっていた上田に本来の姿を明かすところ。それまでは、いささか異常なくらいに上田にへり下っていた嵐は、ここで刺青ともども本性をあらわにする。シリーズ第一作目から引き継がれている見せ場だが、なにやら水戸黄門の印籠のようで、これも見ようによってはかなりふざけている。当の相手が上田吉二郎

由利徹　佐山俊二　高倉健　田中邦衛

なのだから、その悪ノリぶりはハンパじゃないわけだ。

後半の大雪原の部分は、もうまるで西部劇である。ラスト近く、無人の町で繰り広げられる死闘は、まるでクリント・イーストウッド監督の『ペイル・ライダー』のようだった。（もちろんイーストウッドのほうが後年の作品）。そもそも、〝一般人〟が結局一人も登場しなかったこの雪の町は、いったい何なんだ。まさにすべてがバカバカしく、しかしそのバカバカしさは映画の凄さなのだと納得させられる。

とにかく監督の石井輝男と高倉健の二人は、日本映画史上稀なコンビと言っていいのではないか。言ってよければ、黒澤明と三船敏郎、小津安二郎と原節子、溝口健二と田中絹代のコンビに匹敵するのではないか。あの生真面目な高倉とハチャメチャな石井はどこでどう織り合いをつけて映画を作っていたのか。日本映画史上の謎と言っていいのではないかと思う。

▼六五年……87点

【明治侠客伝 三代目襲名】★

監督：加藤泰　脚本：村尾昭　鈴木則文
撮影：わし尾元也　音楽：菊池俊輔
出演：鶴田浩二　藤純子　嵐寛寿郎　藤山寛美　津川雅彦　丹波哲郎　山城新伍　安部徹

任侠映画の金字塔。冒頭の刺殺シーンが手に汗握る。汐路章扮する殺し屋が老妻（毛利菊枝）と祭を楽しんでいるヤクザの親分・嵐寛寿郎を狙うこのシーンの見事さは、もはや語り草になっていると言っていい。殺し屋を操る一応は堅気の会社社長・大木実が、一命をとりとめた嵐の一家に見舞いにくるシーンもいい。嵐の息子・津川雅彦はいても立ってもいられないのだが、そこに汐路を連れた刑事が入ってくる。大木の後ろ姿を捉えたカメラは、大木の耳のあたりが微妙に動くのを写す。それを見やる冷静な幹部の鶴田浩二。シャンと立って顔検分をする嵐。汐路はこれも後ろ姿の大木を見て、少し動揺の色を表し、殺しは自分の判断で行ったことを言い募る。このあたりの一連の演出の呼吸が見事である。緩急

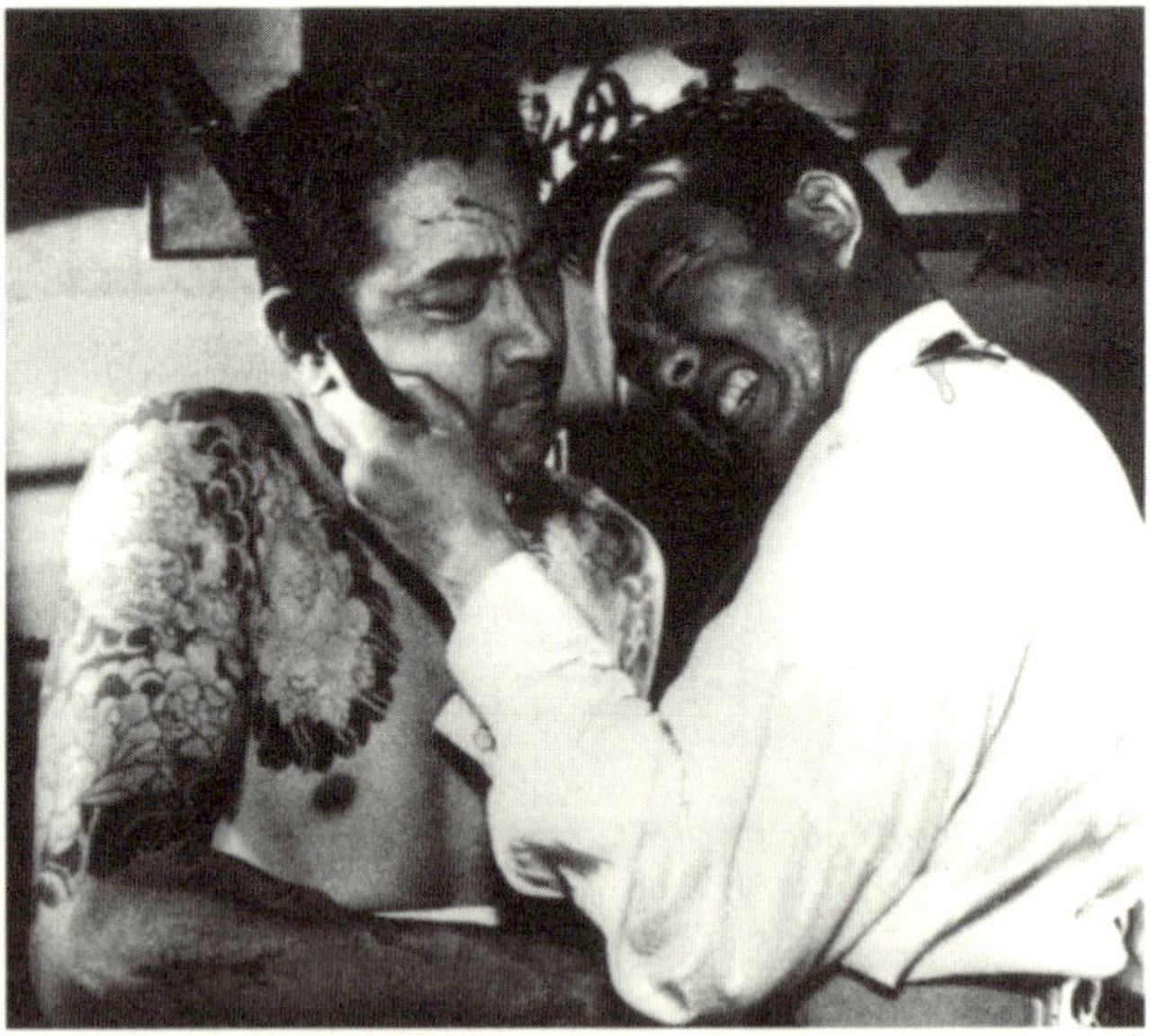

鶴田浩二　大木実

安部徹　藤純子　鶴田浩二

【明治俠客伝　三代目襲名】

自在というのか、冒頭の動の形から検分の静の形に移っていく絶妙な描写の切り替え。大木実の後ろ姿を焦点に動く〝心理劇〟がまた、静的な中に強烈なサスペンスを感じさせる。

加藤泰だなあと思わせるのが、娼婦・藤純子と鶴田の出会い。執拗に言い寄る大木の子分・安部徹の裏をかいて、藤が親の死に目にあうのを手助けした鶴田のところに、車夫がつけ文を持ってくる。「(小指を出し)これでっしゃろ」と客人の藤山寛美(この人の粋な演技とセリフ回しは絶妙)。ここで鶴田が慢心の笑みを見せるのだが、この笑みこそ『三代目襲名』の一番の見所だと言っていい。待っている藤はお礼を言い、「田舎でとれたんですけど」と桃を一つ鶴田に渡す。このシーンも名場面なのだが、その前の鶴田の笑みには敵《かな》わない。

お定まり、助っ人・藤山が死に、堅気としてまっとうな職業を次ぐことになった津川が瀕死の重傷。ここで神戸に出向いていた鶴田は大阪に戻り、単身大木らのもとへ殴り込みに出かける。『昭和残俠伝』の高倉健のように鶴田の歌が流れるが、ここでは高倉ほど〝決まる〟ことはない。これは仁俠映画の〝美学〟に安易にはまらないぞという監督の意思表示かもしれない。殴り込みも結構執拗に描かれているわりには、観た後の印象が薄い。つけ文を読んだ時の鶴田の笑み。これに殴り込みのシーンが負けているのが、いかにも加藤泰の演出らしいのだ。

▼六五年……70点

【昭和残侠伝】

★

監督：佐伯清　脚本：村尾昭　山本英明　松本功
撮影：星島一郎　音楽：菊池俊輔
出演：高倉健　池部良　三田佳子　菅原謙二　江原真二郎　水島道太郎　松方弘樹

任侠映画の隆盛を決定づけた極めつけのシリーズもの第一作目。ラストの殴り込みで、高倉と池部良の二人の道行きに、高倉の〝唐獅子牡丹〟の歌が流れる名場面はあまりに有名。今観てびっくりするのは、あの『仁義なき戦い』の第一作目と同じく、終戦後の闇市マーケットをめぐるいさかいが物語の発端となっていたことだ。『仁義なき戦い』が新宿、『昭和残侠伝』が浅草という舞台の違いはあるが、両者においてはドラマの構造がまるで異質だ。とても同じ国のヤクザの物語とは見えないが、この違いの中に任侠映画から実録路線へと到る道筋が見事なまでに浮かび上がる。路線の人気度、時代が要請す

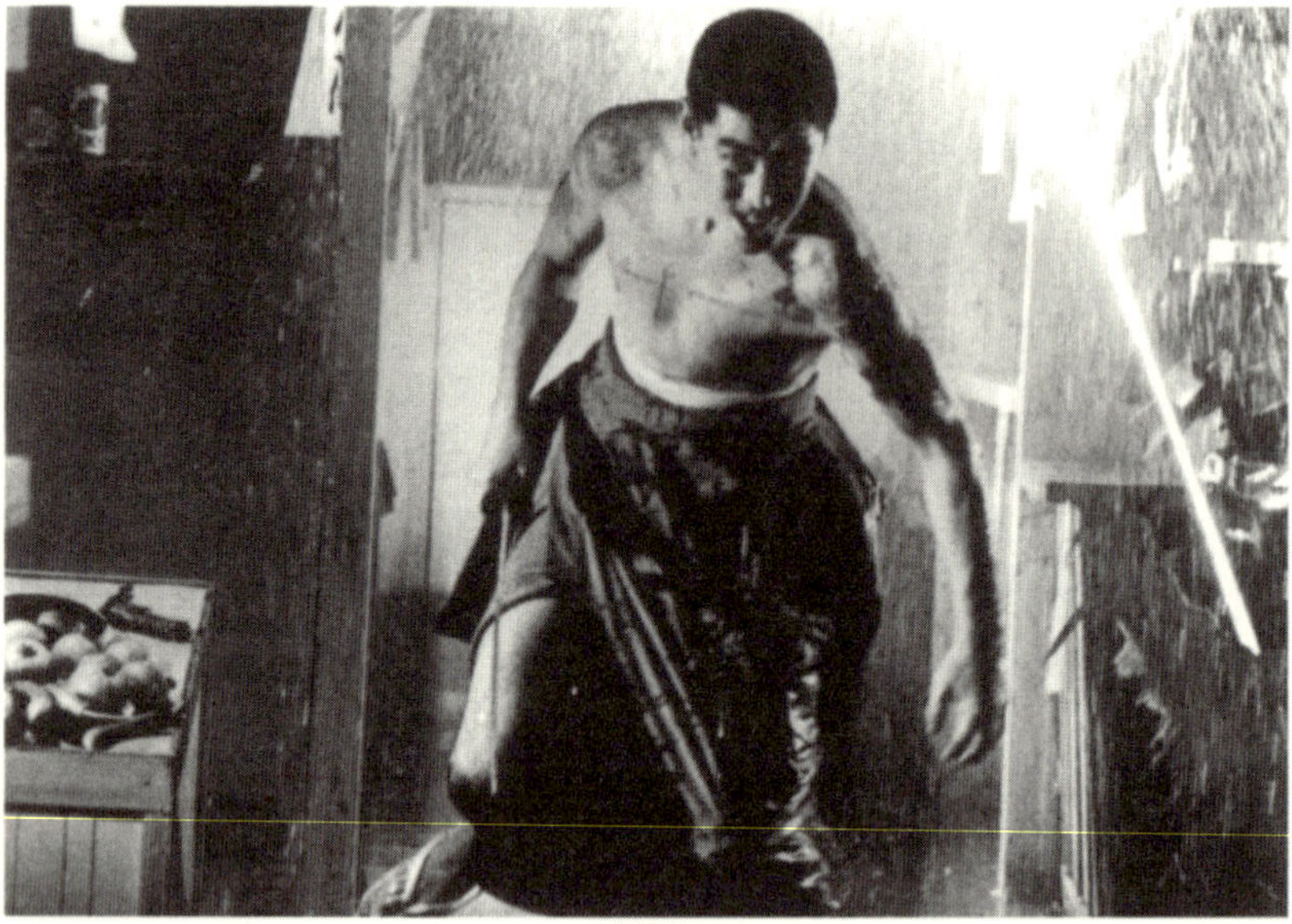

高倉健

【昭和残侠伝】

る物語的枠組みなど、十年ほどでヤクザ映画の在り方が大きく変質したのである。

『昭和残侠伝』は、伊井友三郎演じるエンコ（浅草）の古いヤクザの親分が、敵対する新興のヤクザ組織（親分は山本麟一）に暗殺されるのが発端。この伊井の顔と声が魅力的である。古い職人さんを彷彿とさせる深いシワが刻まれた顔と、シブみのあるダミ声。冒頭付近で殺されてしまうのが惜しいくらいだ。三遊亭円生扮する、こちらも古いタイプのヤクザの元締めも見事。マーケットを乗っとろうとする山本らのヤクザに、「全国のヤクザを敵に回すことになるよ」と凄みをきかせる、落語で鍛えたセリフ回しが堂に入っている。〝唐獅子牡丹〟の歌や道行きがあまりに有名なシリーズ第一作だが、どうしてどうしてヤクザ映画の大きな魅力である俳優たちの演技力にも、特筆すべきものがあった。

物語はもちろん勧善懲悪。親分が殺されたことで跡目を菅原謙二が継ぐのだが、戦争帰りの高倉健が現れたことで、菅原はあっさり高倉に跡目を譲る。このあたり、『仁義なき戦い』シリーズの血で血を洗う内部抗争劇のような形にならず、まさに古き良き時代のヤクザ映画。敵対するヤクザの嫌がらせに耐えに耐えた高倉だったが、ついに堪忍袋の緒が切れ単身乗り込むことになる（最後は池部との道行き）。任侠映画の典型的なパターンがここに出来上がった。いったんは親戚筋の江原真二郎の妻になるが、高倉への思いを募らせる先代の親分の娘・三田佳子。旅人・池部良の妹で、娼婦に落ちる女など、女優陣は残念ながら生彩がない。この生彩のなさもまた、男同士の道行きが強調される『昭和残侠伝』の特徴なのかもしれない。

▼六六年……55点

■

【昭和残侠伝 唐獅子牡丹】

★

監督：佐伯清　脚本：山本英明　松本功　撮影：林七郎
音楽：菊池俊輔
出演：高倉健　池部良　三田佳子　菅原謙二　芦田伸介　津川雅彦　水島道太郎

シリーズ第二作目。昭和初期の関東・宇津宮。石切場を仕切るある一家の親分・菅原謙二を、花田秀次郎の高倉健があるしがらみから斬り捨てるのが冒頭シーン。例によって高倉は刑務所に入り、数年後出所して殺害の経緯を隠しながらその一家に身を移す。親分の未亡人が三田佳子。息子が保積ぺぺ。高倉は徐々に徐々に二人に接近していくのだが、敵対する組は石切場の利権をおびやかし始めている。池部良がどういう役かというと、数年ぶりに一家に舞い戻ってくる男。役柄的にはそれほど重くはないが、もちろん、最後の道行きだけははずすことがない。

だが今回不思議なのは、高倉、池部の殴り込みのきっかけになるのが、一家の年寄り格の花田徳衛の死だったことだ。花田が殺されて、いきなり高倉は日本刀を持ち出す。それがきっかけとは、ちょっと弱すぎるのではないか。本来なら、池部の弟分である岡崎二朗、そして三田や保積あたりまで危害に及ぶ

高倉健

べきなのが、そうはならない。展開にかなり無理があったのがシリーズ第二作目だったと言えるだろう。

任俠映画のシリーズものは、凄まじいローテーションで作られていたと思われるが、本作の場合はその製作工程の面で相当無理があったのではないか。全体に、非常に淡白に作られている気がしてならなかった。

▼六七年……59点

【昭和残俠伝　血染の唐獅子】★

監督：マキノ雅弘　脚本：鈴木則文　鳥居元宏
撮影：星島一郎　音楽：菊池俊輔
出演：高倉健　池部良　藤純子　加藤嘉　山城新伍　津川雅彦
水島道太郎　牧紀子

マキノ雅弘監督の『昭和残俠伝』なのがミソの作品である。昭和初期の浅草が舞台。上野・不忍池が東京博覧会の会場になったことから、浅草の老舗・トビ職一家が色めき立つ。土木から人足に至る現場を昔からの慣習に従ってこの一家が仕切ることになるからであり、病気療養中の親方・加藤嘉は自身最後の仕事と一家を盛り立てる。ここに登場するのが、親方・河津清三郎率いるところの浅草の博徒一家。土木の会社を作ったものの昔の慣習のために仕事が少なく、博覧会を機に一気に地場を固めようというのである。

例によって加藤は病死し、河津一家は東京市の議員・金子信雄を巻き込んで、〝結果が決まっている〟入札で博覧会の仕切りを強引に決めようとする。トビ職一家は手も出ないとなった時、軍隊に行っていた一家の一人、高倉健が帰ってくる。入札時、堂々と不正を暴いた高倉の威勢の良さに河津一家はすごすごと退散し、金子はトビ職一家に入札を決め

藤純子と高倉健

る。しかしそれであきらめる河津一家ではない。ふらちな手段を弄《ろう》し、妨害工作は熾烈を極めていくのである。

　びっくりするシーンがある。高倉が帰ってきて、なじみの芸者・城野ゆきが会いに行くのだが、高倉は惚れ合っているどじょう屋の仲居・藤純子がいるので、彼女にはつれない素振りを見せる。その城野に通いつめているトビ職一家の山城新伍がいる。さらに城野の身受けを狙っているのが河津親分。このあたりで、この〝シチュエーション〟がマキノ監督の『日本侠客伝』と全く同じなのが分かる。

　『日本侠客伝』では、高倉と藤は同じ役。城野が南田洋子で、山城が長門裕之。河津は安部徹だった。そしてあろうことか、河津の身受けを嫌がる城野を見かねた山城が、借金のかたにトビ職の神輿《みこし》を質草に入れる。これは『日本侠客伝』では半被《はっぴ》になっていたが、ここまであからさまに同じ手口でやられると、いっそ潔い。というより、『昭和残侠伝』と『日本侠客伝』の境界があいまいになり、作品全体に不思議な味わいが出てくるのが何とも面白いのだ。

　ラストは高倉健と池部良（河津側の代貸）の殴り込みでまさに『昭和残侠伝』。二人の役を、乞食の津川雅彦がついて行くのがまたマキノ調なのだが、一つ気になったのが高倉の刺青。シロウトのトビ職一家組頭の高倉に唐獅子の刺青はおかしいのだが、これは『昭和残侠伝』の故か。

▼六九年……56点

【昭和残侠伝　唐獅子仁義】

★

監督：マキノ雅弘　脚本：山本英明　松本功　撮影：坪井誠
音楽：菊池俊輔
出演：高倉健　池部良　待田京介　藤純子　河津清三郎　志村喬

意外や、高倉健と池部良の斬り合いから物語が始まる。池部の腕を斬り落した高倉は、刑務所に入る。入っていた浅草の組はしかし、散り散りになり、弟分の亀石征一郎は名古屋のある一家に厄介になっている。五年後出所した高倉は汽車の中で会った信州の組の親分・志村喬のところにわらじを脱ぐ。信州のこの地では、河津清三郎が親分の組と志村の組が対立していた。

シリーズ第五作目。マキノ監督は、シリーズ第三作目の『昭和残侠伝　血染の唐獅子』とはその演出方法をかなり変え、『昭和残侠伝』の世界をきっちりと描こうとした。『昭和残侠伝』の世界とは、一種の様式美である。花田秀次郎という高倉健扮するヤクザがいて、最後は池部良扮する風間重吉と道行

高倉健と池部良

【昭和残侠伝　唐獅子仁義】

きの殴り込みをかける。そこに歌が流れる。マキノは『血染の唐獅子』で、自身が得意のキャラクターを幾つか散りばめてその様式美を相対化させた。それが本作では、『昭和残侠伝』の様式美世界の構築に視点を移している。

　信州の芸者・藤純子が池部の女房で、高倉にも恋心を寄せる役を演じている。池部の女房とわかった時点で、少し彼女になびき始めていた高倉ははっきりと一線を引く。渡世の義理で、またも池部と高倉は斬り合いをせざるをえない羽目に陥るのだが、その時の藤の心境は「どちらも助かって」だ。しかし当の藤が銃弾に倒れ、池部と高倉はその時点で敵は同じと見定め、定型どおり殴り込みをかけるのである。

　マキノ的キャラクターの典型として、高倉をつけ狙ったり、藤を口説いたりする一匹狼・待田京介が登場する。軽妙で口八丁手八丁の男だが、根はいい奴。最後は高倉、池部の助っ人まで買って出る。『日本侠客伝』シリーズなら、長門裕之が演ずるだろう役柄で、この一点が様式美の『昭和残侠伝』シリーズとは異なっていた。

■

▼六九年……50点

【昭和残侠伝　人斬り唐獅子】

★

監督：山下耕作　脚本：神波史男　長田紀生　撮影：林七郎
音楽：菊池俊輔
出演：高倉健　池部良　片岡千恵蔵　小山明子　大木実　長谷川明男　葉山良二

　昭和のはじめの東京・玉ノ井。娼館を仕切る一家に、例によって別の一家がチョッカイを出す。前者の親分は大木実、後者の親分は須賀不二男。花田秀次郎の高倉健は、須賀のところにワラジを脱ぐ。兄弟分となっている風間重吉の池部良はここの代貸。渡世の義理から、高倉は大木を斬ることになる。大木の息子が長谷川明男で、とりあえずは無能の男。こちらの代貸は葉山良二で、長谷川を幾度となくかばうのだが、別の一家の親分・片岡千恵蔵の力も及ばず、二つの組は結局は決定的な対立を迎える。
シリーズ第六作目。監督に初めて山下耕作が起用

高倉健

された。山下演出らしい花の数々が画面に挿入されるが、これがまた奇妙な花の導入だった。花は、高倉と大木の妻で以前は高倉と親しい間柄のようだった小山明子とを介在して画面に映る。花は当然、二人の関係を燃え上がらせるように機能しなくてはならない。しかしそれが、全くそうはならない。それは花がどうのこうのというより、高倉と小山の間には再燃する愛などありえないように、あらかじめ描かれてしまっているのである。特に小山に対する高倉の冷たさは、尋常のものではない。

高倉と小山というコンビネーション自体非常に不思議な配役なのだが、それ以前に、この時代あたりで女性との関わり合いが非常に希薄になっていった高倉健のイメージというものが、出来上がっていた事情があったのかもしれない。山下演出得意の花の描写が、そこに立ち入る余裕はすでになく、高倉のイメージがそこでは大きく映画を形作ってもいたのだろうか。ラストの殺陣回りはだから、なかなか迫力があった。高倉が人を斬る度に、血が飛び散る演出もなかなかに見事であった。しかし、その分何かが失われつつある物足りなさも感じる作品だった。

▼七〇年……62点

【昭和残俠伝 死んで貰います】★

監督：マキノ雅弘　脚本：大和久守正　撮影：林七郎
音楽：菊池俊輔
主演：高倉健　池部良　藤純子　中村竹弥　山本麟一　荒木道子　長門裕之

マキノ雅弘監督の『昭和残俠伝』であり、冒頭シーンがいかにもマキノらしい。賭場のいさかいから体を傷《いた》めつけられ、道端でうずくまっている花田秀次郎・高倉健の前に、一人の女性が通りかかる。藤純子である。芸者のタマゴで、高倉のみすぼらしい姿をそのままにしておけない可憐な女性。雪が降っているので、傘を置いて再度迎えに来ることを約束する。しかし、彼女が来た時には高倉はいず、傘だけがそこに置かれていた。これらの一連のシーンが、実に情感たっぷりに描かれている。

数年後、ヤクザ的風格を身につけた高倉は、再び冒頭シーンの賭場に行って仕返しをする。刑務所に入ってさらに数年後（この間に関東大震災が起こる）、堅気になって板前として働くが、うまい具合に高倉の叔父貴筋にあたる中村竹弥が、りっぱに成長した（?）芸者の藤純子と対面させる。この再会のシーンが粋なのは、中村が数人の芸者を呼んで、その中の一人一人にお目当てさんがいることをほのめかし、座が盛り上がってきたところで藤をお目当てさんの本命として〝指名〟するところだ。その後のシーンが何とも言えずいい。高倉を、あの時の〝お兄さん〟と確認した藤が、最初の出会いの場を、こと細かにお姉さんたちに説明するのだ。しゃべり過ぎた藤に高倉が一言。「もうその辺でいいでしょう」。

ラストシーン近く、二人は夜店をひやかしに歩く。当たり前と言えば当たり前なのだが、ウキウキとしている藤に比べて、何故か高倉の表情は浮かない。このあたりでは、すでに殴り込みの用意が準備万端、整えられており、その予感に突き動かされているように見える高倉は、別れ際でも、藤に貰った着物を仲間うちに見せてくるとつれない態度をとる。

　二人の恋愛が内部から壊されていくような殴り込みの予感を、高倉健は抱いていたのではないか。その予感とは、最後には必ず殴り込みがあるというヤクザ映画の約束事とも対応し合う。殴り込みがラストで待っている以上、高倉と藤が愛し合うなどということはありえない。そのことを、観客を含めて誰もが知っており、中でも一番それを身をもって自覚しているのが、花田秀次郎役の高倉健だった。二人の出会いのシーンと同じく、ラストでも雪が降っている。見送る藤の切実さに対して、高倉はやはりあっさりしているように見えた。高倉は今回、ヤクザ映画的約束事に切実に突き動かされているような役柄に見えた。付け加えておけば、今回の殴り込みは、同じ板前の池部良が先頭をきっていた。

高倉健と長門裕之

▼六六年……65点

【日本大侠客】

監督：マキノ雅弘　脚本：笠原和夫　撮影：山岸長樹
音楽：菊池俊輔
出演：鶴田浩二　藤純子　大木実　近衛十四郎　岡田英次
天津敏　徳大寺伸

明治時代の九州・若松。老舗料亭の跡とりである鶴田浩二は、地元の沖仲士たちから若大将と言われ気骨あふれる男として人気を得ている。若松で勢力を伸ばそうとしている博徒一家が、港の利権を得ようとある企みを実行した。ここの親分が内田朝雄、代貸が近衛十四郎。沖仲士たちと戸畑の博徒一家を争わせ、そこの仲介役になることで一気に勢力を拡大しようというのである。

ここに鶴田が現れた。内田と戸畑の親分・中村竹弥が金銭で手打ちにしようという寸前、鶴田はいさかいの原因を招いた当事者である沖仲士を連れてきて、一切の責任は私がもつと中村に進言する。鶴田の意気に打たれた中村はその場を引き下がり、後日、何とか金銭を集めて中村の前に現れた鶴田を放免する。このあたりで、鶴田を先頭とする沖仲士たちと内田率いる一家との争いはとりあえずの終結をみる。

ここから物語が、老舗料亭をめぐる話に移る。ここを仕切っていた鶴田の姉である木暮実千代が亡くなる前に、可愛がっていた女中頭と一緒になってくれと鶴田に頼む。鶴田は、実は芸者・藤純子と好き合っていた。内田の一家の企みを回避できたのも藤からもらった金のおかげであり、別の〝旦那〟と若松を離れた藤は鶴田と、三年間待ってほしい、必ず戻ってくるからと〝愛の誓い〟をしていた。鶴田は姉・木暮の願いと藤との〝誓い〟に引き裂かれながらも、女中頭と結婚し、子供まで作って老舗料亭の跡とりとなるのだった。

物語的にはこの後、内田の一家の陰謀によって追い詰められた鶴田率いる沖仲士たちが最後に殴り込みをかける話につながっていくのだが、例によって監督マキノの視点は、鶴田と藤の引き裂かれた愛のドラマに主眼が置かれている。最初のほうの二人の逢瀬のシーンと、後半に入って舞い戻ってきた藤が

藤純子　　鶴田浩二

鶴田と会うシーンの対比が、とにかく見事である。
最初のシーンでは、藤は鶴田に背を向け海側を見ているのだが、ここで藤は「若松は本当によかところ」と言った後、鶴田のほうを振り向いて「(鶴田のことを)よか男」と呟き、そして涙を流す。後半のシーンでは、子供が出来たことを鶴田から聞いた藤が、老舗料亭に赴いてあらん限りの罵倒《ばとう》の言葉を鶴田に浴びせ、「男じゃなか」と鶴田に言った後、「汚いとこじゃね若松は」とダメを押す。このセリフの反転は、男の態度の変化によってその土地までが変貌を遂げるように藤の目に映っていることを表す。女の眼は男の存在によって、いかようにも映るものが変わっていく。それをセリフの反転だけで示したのは見事だった。

実はこの藤の役名が、お竜であった。後年、『緋牡丹博徒』シリーズに登場する、あのお竜の原型が本作で藤が演じたお竜であり、これはすでに何人かの関係者が明らかにしている。まだ幾分ふっくらとした顔立ちであり、どこか幼さが残っている本作のお竜だが、気丈さと行動的なのはあのお竜そのまま。ただし、正義感あふれる緋牡丹のお竜と比べると、本作のお竜は男への思い入れが激しい分、より〝かわいさ〟が際立つ。最後は何と、絶望して自死への道さえ歩んでしまうのだ。実在の九州の侠客、吉田磯吉の物語である。

【兄弟仁義】

60点

★

監督：山下耕作　脚本：村尾昭　鈴木則文　撮影：わし尾元也
音楽：菊池俊輔
出演：北島三郎　松方弘樹　村田英雄　鶴田浩二　宮園純子
安部徹　人見きよし

日本映画に歌謡映画というジャンルがかつてあった。当時の〝流行歌〟に乗って企画が立てられ、出演には当の歌手が起用される場合が多かった。その歴史は戦前にまで遡ることができるが、六〇年代に〝流行歌〟の爆発的な蔓延とともに数多く作られたのが、一つの頂点であったろうか。日活作品に多く、橋幸夫、舟木一夫、西郷輝彦らが、和泉雅子らを相手役に主演をつとめてブームを作った。

おそらく本作には、六〇年代の歌謡映画ブームが下地にあっただろう。北島三郎は本作の以前、何本かの東映作品に出演していたが、〝兄弟仁義〟という彼の歌があって、それが作品に結実し、ついに主演格にまで抜擢されたのが本作（序列は松方らと同格だったが）。まさに任侠映画における歌謡映画であり、何にもましてその〝主題歌〟こそが映画の大きな〝売り〟になっていたのである。考えてみれば、『人生劇場　飛車角』の主題歌〝人生劇場〟は村田英雄が歌っており、任侠映画と主題歌は切っても切れない関係にあった。この『兄弟仁義』が、七〇年代に入っても『新兄弟仁義』として製作され、シリーズが計九本も続いた背景には、任侠映画と主題歌ののっぴきならない関係があったことが極めて大きいと私は考える。

この作品で北島三郎は、つぼふり師を演じる。大正八年の上州・草間温泉が舞台。温泉場の利権を狙うのが、安部徹の一家。律儀な一家の親分が村田英雄で、北島とかつて村田に世話になった渡世人の鶴田浩二がここにワラジを脱ぐ。村田の賭場でイカサマをやった北島は、それを見抜いた安部一家におとし前をつけさせられるが、いまだ会えぬ母親に一目会ってから戻ってくる条件を、鶴田が村田や安部に納得させる。安部らの妨害を受けながらも戻ってきた北島は、村田一家の代貸・松方弘樹と兄弟盃を受ける。しかし泥を塗られた安部は、旅人・待田京介を暗殺者として村田のところに赴かせるのであった。

ここに任俠映画の一つの形が出来ていたと見ていいだろう。北島が、純粋な主演ではないがかなり重要な役を演じ、村田が脇に回ってさらに鶴田浩二が友情出演する。鶴田や高倉の主演作ではない場合の任俠映画の一つのパターンであり、それを彩るのが北島の歌であった。歌は冒頭シーンをはじめとして北島と松方が兄弟盃を交わすくだり、ラストで鶴田が安部一家に殴り込みをかけるシーンなどで使われる。友情出演の鶴田が大団円で一人復讐を果たすのは、よく考えてみると不思議なのだが、これはやはり〝正統派〟の任俠映画のパターンを踏んでいたということだろう。北島が一人でラスト、殴り込みに行くのはちと〝荷が重い〟こともあったに違いない。いずれにしろ、北島三郎〝初主演〟を村田英雄、松方弘樹、鶴田浩二らがよく助けた。こうした〝友情関係〟こそ、任俠映画の魅力の一つでもあると言ってよさそうだ。付け加えておくなら、本作はモノクロであった。

北島三郎　安部徹

【兄弟仁義　関東三兄弟】

48点

★

監督：山下耕作　脚本：村尾昭　撮影：山岸長樹
音楽：菊地俊輔
出演：北島三郎　里見浩太郎　村田英雄　菅原謙二　藤純子
鶴田浩二　若山富三郎

圧倒的に、歌の魅力で押し切る映画だと思う。北島三郎の〝兄弟仁義〟の歌が、冒頭シーンはもちろん、要所要所で存分に流れる。任侠映画の魅力の大きな一つに、劇中に流れる歌の数々があり、本作もその魅力を抜きに語ることはできない。というより、他の様々なシリーズ以上に、本作に連なるこのシリーズは歌そのものが主人公だと言っていいかもしれない。

北島三郎が主人公の映画という意味は、なかなかに複雑なものがある。つまり、かなり背が低く、どうしてもチンピラ風情にしか見えない風貌の北島が、このシリーズを足掛け五年、九本も続けることができた理由は、いったい何だったのか。それはまさに、彼の持ち歌から映画が企画され、一種の〝歌

鶴田浩二　若山富三郎　北島三郎

謡映画〃風な骨格をこの作品が持っていたからではなかったか。

実際、〃関東三兄弟〃を構成するメンバーが、ちょっと情けないのだ。一匹狼の北島の他、ある一家の若頭格・里見浩太郎、そして死んでから〃兄弟〃として認められる漁師の山城新伍の三人。これでは、〃関東三兄弟〃がドラマの中核を担うはずもなく、特別出演の鶴田浩二がその役割を全うするしかない。何故、主演の北島ではなく、〃脇役〃の鶴田浩二にヒロイン・藤純子が惚れてしまうのか。理不尽極まりないにしろ、チンピラ風情の北島では致し方ないのだろう。同じく脇を固める村田英雄は、眉間にシワをよせるあの独特のコワモテ面、実は人の良さそうなヤクザを、かなりがんばって演じている。そしてこれはちょっとびっくり、往年の大歌手・笠置シヅ子が、山城新伍の母親役として出演していた。

▼六六年……71点

【893愚連隊】

★

監督・脚本：中島貞夫　撮影：赤塚滋　音楽：広瀬健次郎
出演：松方弘樹　天知茂　稲野和子　荒木一郎　近藤正臣

京都を舞台にしたチンピラ劇。冒頭の白タクシーンから、かなりセコい〃しのぎ〃の連発で、この作品がヤクザ映画というより、まぎれもないチンピラ＝愚連隊映画であることが分かる。セコい〃しのぎ〃の幾つかを、ちょっと羅列してみよう。

白タクはご存知の通り、通常のタクシー待ちの人間を何人か集めてきて、自前の車で運ぶ違法の〃タクシー業務〃。映画では一人につき五〇円をとって、五人〜六人入れ込んでいた。しかし、見回りの警官にとがめられて松方弘樹、荒木一郎らのチンピラは逃げ出してしまう。次はいわゆるスケコマシという奴で、これには松方らが〃スカウト〃した二枚目の近藤正臣が加わる。この坊ちゃん然とした近藤がなかなかのやり手。映画館で誘った主婦・稲野和子をバーに連れ出し、仲間との示し合わせたケンカを利用して稲野をモノにする。稲野は近藤の食い物にされ、あげくは松方らにも手ごめにされてしまう。

次は美人局《つつもたせ》。近藤の愛人であるパチンコ店員を使って、税務署員・藤岡琢也（『渡る世間は鬼ばかり』の好々爺じゃありません）をおどす。荒木一郎もがんばっている。〝成長の家〟のボランティアを偽って病院に入り込み、倒産寸前の中小企業社長・遠藤辰雄から偽の債権を手に入れる。債権者会議に出て、それをもとに金を手に入れ遠藤と山分けしようというのだ。しかし、ここには本物のヤクザ・高松英郎が現れ、松方らは手を引かざるをえなくなる。これらの〝しのぎ〟が徐々にヤクザとの利害関係によって減らされていき、最後の意地で松方らが立ち上がる。

この作品が面白いのは、ヤクザがからんでくると松方らが簡単に引いてしまって、なかなかヤクザに歯向かっていかないところだ。一種さめた連中なのだが、そこには彼らなりの〝ポリシー〟がある。仲間に加わった戦中派の天知茂にけしかけられて、松方は言う。「わいら愚連隊や、ケンカする言うて誰のためにするんや」。そこで天知が「おのれのため

荒木一郎　藤岡琢也　近藤正臣（後）

や」。その後の荒木の言葉がふるっている。「おのれのため言うんなら、腕でも折ってみい、治療代かかるぜ。下手したら、命失うか。あかん、わいはやめや」。

これらの〝ポリシー〟が、前述の稲野和子（コマされた後バーに勤めて、とりあえず仲間になってしまったのだ）の一言、「あんたらインポや」で瓦解していく。松方、「俺はインポやないで」と、高松らからもともとは自分たちのしのぎだった現金をかっさらいに行くのである。ただし、その現金も結局はただの藻屑と化してしまうのだが。

ラストシーンは有名である。京都の橋の雑踏の中、荒木が言う。「何ぞ、いいしのぎないかな」。松方が言う。「ないな。しのぎにくい世の中や」「粋がったらアカン。当分はアカンで。ネチョネチョ生きることた」。有名になったのは、この「ネチョネチョ生きる」で、まさにその時代の空気を見事に言い当てているセリフだった。幾分カッコ良すぎる気もするが、この「ネチョネチョ生きる」は、アンチヒーローが受け入れられ始めた時代のある種の指針として、当時鬱屈していた、特に〝映画青年〟たちの気持ちを高揚させたのだろう。

付け加えておくなら、坊ちゃん然とした近藤正臣が、結局は松方らを凌ぐたくましさと不気味さを持ち合わせていたことを記しておきたい。高松が天知を撃ち殺そうとした時、横で不敵な笑い顔を見せていた近藤のシーンが、実はこの作品では一番魅力的だったのである。

▼六七年……………72点

【懲役十八年】

監督：加藤泰　脚本：笠原和夫　森田新　撮影：古谷伸
音楽：鏑木創
出演：安藤昇　小池朝雄　桜町弘子　近藤正臣　千原しのぶ

安藤昇の東映初主演作である。特攻隊の生き残りが彼の役。相棒の小池朝雄とともに、戦死した特攻隊員の家族のために、共同経営のマーケットを作ろうと画策している。昭和二十二年という時代設定。その資金調達に失敗して、刑務所に送られる安藤。その姑息な看守・若山富三郎らとの対立もあったが、安藤は徐々に刑務所に慣れていく。そこに入ってきた新入りが少年刑務所から回ってきた近藤正臣。暴れん坊の近藤を何かとかばう安藤は、近藤が刑務所に入る前にマーケットにやってきた戦争未亡人・桜町弘子の弟と知る。小池は小池で私腹を肥やし始め、面会の場で安藤と決定的な対立を見る。

この作品でちょっと目を引くのは、近藤正臣だろう。おそらくTV『柔道一直線』で一世を風靡する前後の彼なのだろうが、いかにもチンピラ風情といった感じの演技は悪くない。荒々しく、精一杯突っ張って先輩の囚人・曽我廼家明蝶の頭を血だらけにしてしまうのだが、どこか頼りなそうな〝地〟が出てしまう。姉さんの桜町への思いを、小池に利用されてしまうのもだからもっともで、この〝純情さ〟を知っているからこそ、安藤は絶えず近藤を守ろうとするのだ。

桜町弘子も、これは彼女の代表作の一本ではないか。『関東テキヤ一家』の女親分なんかより数段いい。それは加藤演出が、アップの表情の変化をきっちり撮っているからで、決して器用な女優とは言えない彼女の魅力を十分に伝えていた。沢淑子という女優名になっていた、加藤作品の常連・任田順好も相変わらずの演技だった。利用できる男なら、利用しなきゃという女。小池にくっついていて、彼にほのかな愛情を感じている。それがまた、ラスト近くの彼女の顔の表情できっちりと捉えられている。

安藤と小池の対立は、二人が戦後をどう位置付けるかの闘いでもあった。マーケット建設によって、

安藤昇と桜町弘子

戦死者の家族たちが少しでも楽な生活を送ることを願う安藤と、その当初の心意気を忘れ、自分の利益優先に走っていく小池。刑務所の病院を抜け出した安藤が、小池と対面するシーン。小池の「貴様の頭にあるのは敗戦国の亡霊なんだ。世の中は動いていくんだ、変わっていくんだぞ」に対して、安藤は「変わりたくないんだ」と言い放つ。この作品のテーマはこの会話で言い表されている。

二つの印象深いシーンがある。安藤が刑務所に入る前の銃撃シーン。金になる銅線の略奪に安藤と小池は失敗してしまうのだが、MPとの銃撃のカット割で、安藤の顔にMP側からの照明が当たる。ここにストップモーションが入って、次のシーンはすでに刑務所の全景となる。ラストでも、警察側との銃撃は照明が安藤に当たった中で、ストップモーションとなる。この照明を浴びた安藤という〝構図〟には、テクニックを超えた何らかの思いが画面に込められているような気がした。不思議な味わいのあるシーンだった。因みに音楽の鏑木創は、冒頭でモダンジャズを駆使していて、ちょっと異彩を放つ効果となっている。

▼六七年……60点

【組織暴力】

監督：佐藤純彌　脚本：佐治乾　鈴樹三千夫　撮影：仲沢半次郎
音楽：佐藤勝
出演：丹波哲郎　千葉真一　高宮敬二　月形龍之介　内田良平
渡辺文雄　小松方正　室田日出男　井川比佐志

タイトルからすると、何やら暴力描写過多のおどろおどろしい内容を想像する向きもあるだろうが、全体の印象は非常に端正なヤクザ映画と言っていい。佐藤純彌監督の資質もあるのだろうが、一種のモダンアクションと見ていいのかもしれない。拳銃ブローカーを尋ねて行ったヤクザの幹部が殺されてしまうのが物語の発端。そのブローカーを紹介したのが一匹狼の鶴田浩二で、鶴田はチクられて刑務所に入る。鶴田は特別出演ながら、全くの脇役というのが映画全体からヤクザ映画色をそぎ落としているように見えた。

主人公は、何と刑事の丹波哲郎だ。熱血漢で、ただひたすらヤクザ組織に流入している拳銃摘発に邁進する。この人のドライなキャラクターと、拳銃ブ

鶴田浩二と丹波哲郎

ローカーの渡辺文雄の風貌などから、全体の印象がモダンアクション的に感じられるのだろう。月形龍之介がワルの親玉になっていて、闇勢力の深さがラストで示されるが、丹波の何やら現実離れした身を徹しての挑戦ぶりが、またふだんのヤクザ映画とは違っている。東映には、〝警視庁〟シリーズなどの刑事ものも多いが、この作品はその流れにもつながっているのかもしれない。しかし、残念ながら任侠映画の様式美や実録路線の迫力に比べると、何となく中途半端な作品の印象は拭いえない。丹波の突出と鶴田の不在がポイント。若手俳優として、千葉真一が出演。そして千葉の兄貴分の近藤宏が好演しているのがうれしい。

▼六七年……63点

【続組織暴力】

監督：佐藤純彌　脚本：石松愛弘　撮影：仲沢半次郎
音楽：佐藤勝
出演：丹波哲郎　安藤昇　渡辺文雄　待田京介　谷隼人　河津清三郎　内田良平

観終わって最後に残るのは、『用心棒』を彷彿とさせる佐藤勝のテーマ音楽である。前作『組織暴力』も同じ曲だったが、今回の方が〝派手〟に流されている。ラストシークエンスに到っては、丸々このテーマ曲がかぶさっていて、印象に残る。ひょっとして脚本の石松愛弘と監督の佐藤純彌は、黒沢時代劇のテイストをヤクザ映画に盛り込もうとしたのかも。

もちろん『組織暴力』の項でも記したとおり、今回の続編もヤクザ映画というよりモダンアクション。ただびっくりするのは、前半と後半で主演者が変わってしまうことだ。前半はヤクザのショバを奪っていく愚連隊集団（一応企業家の格好は見せている）の親分・渡辺文雄。後半は前作とまるで同じキャラクターで登場する警部主任の丹波哲郎。

丹波哲郎　　柳永二郎　　今井健二

冒頭、渡辺が大学体育会系の学生を使ってヤクザの縄張りに食い込んでいくのが面白い。渡辺らの頭脳と腕力でヤクザの一つの組がつぶされてしまうのだが、とにかく猪突猛進、一直線に突き進んでいく渡辺らの会社は、何やら宗教団体の趣さえ漂わせる。有力政治家（柳永二郎）を利用した渡辺だが、結局は権力の強大さの前に倒れていく。ここでまたもや地団駄を踏むのが丹波だ。この人、行きづまるとすぐ警部を辞めて、〝フリー〟になって悪を追いつめると言い出すのだが、この丹波の勢いは、ちょっと間違うとマンガになってしまうのがいかにも丹波の持ち味。モダンアクション的ヤクザ映画として、一風変わった作品に仕上がっている。

▼六七年……62点

【解散式】

★

監督・脚本：深作欣二　脚本：松本功　山本英明
撮影：星島一郎　音楽：冨田勲
出演：鶴田浩二　渡辺美佐子　内田朝雄　渡辺文雄　金子信雄
丹波哲郎

ヤクザのある統合団体が解散する。所属している各組も解散であり、そうなったらヤクザはどうなるか。堅気の会社を興《おこ》す者。力のない奴はチンピラに舞い戻るしかなく、暴力はより潜行した形をとるだろう。ここに八年ぶりにシャバに出てきた男。「変わったなあ、月並だが」と呟く先には、コンビナートがもうもうと煙を上げている。演ずるは鶴田浩二。何と着流しであり、このスタイルだけで鶴田が昔ながらのヤクザ気質を持っているのがわかる。残党組が興している会社はおおかた建設会社で、もちろん中身はヤクザそのものだ。そのリーダー格が渡辺文雄で、彼は新しく建つ予定のコンビナートの利権を狙っている。小松方正率いる別の会社や内田朝雄演ずる渡辺の叔父貴筋がこの利権にからみ、抗争が勃発していくのである。

鶴田浩二と丹波哲郎

製作時の六七年といえば、任侠映画全盛時。『解散式』は東映東京の製作であり、こちらの撮影所では京都と違って、現代版のヤクザ映画が多かった。この作品の深作欣二はじめ、佐藤純彌、降旗康男らが主としてそうした現代的ヤクザ映画の担い手であった。〝背広ヤクザ〟という言い方もあり、製作時の同時代を背景にした作品が多かった。監督によってそれぞれ個性が違った作品が登場したが、『解散式』に限ってみるなら、深作の狙いは明らかにコンビナートとスラムであった。コンビナートとスラムの対比。スラムをぶち壊してコンビナートを造るという設定そのものに、深作のある思いが匂い立っていると見るべきである。

ただ七〇年代の実録路線に見られたような、ドラマツルギーそのものが登場人物のエネルギーに直結し、戦後の混乱期の見事な縮図となりえた映画の骨格は、『解散式』にはまだない。時代は任侠映画の時代であり、来るべき実録路線の予感を深作はコンビナートとスラムの、ある種の記号で表すしかなかった。スラムで暮し、鶴田の子供を宿していた女に何と渡辺美佐子が扮する。派手さはないが、妙な色気があり忘れがたい印象を残すことも記しておきたい。

■

▼六七年……75点

【日本暗黒史 血の抗争】

監督：工藤栄一　脚本：佐治乾　撮影：鈴木重平
音楽：八木正生
出演：安藤昇　伴淳三郎　瑳峨三智子　内田良平　山城新伍

東映における安藤昇主演作としては初期のもの。朝鮮戦争勃発あたり、米兵の無法ぶりに怒ったチンピラの安藤が、大暴れして刑務所に入れられるのが冒頭シーン。出所した安藤は、同じくチンピラの山城新伍を子分に、地元・岐阜柳ヶ瀬を牛耳っている博徒一家に闘いを挑む。博徒対愚連隊。安藤作品らしく、愚連隊が圧倒的に強く、何とこの博徒一家を叩きつぶし、名古屋にまで進出してしまう。名古屋では、〝七人衆〟と呼ばれている博徒の連合体がハバをきかせているのだが、関東の威光を借りた安藤は、恐れを知らずこの〝七人衆〟にまで牙を向けていく。

安藤を親分とする愚連隊たちの猪突猛進ぶりが、この作品の魅力。とにかく、引くことを知らず、一致団結して敵にぶつかっていく。つまり、安藤が一人で突出するのではなく、数十人の愚連隊が集団の共同性に貫かれて目的に突き進んでいく。工藤栄一監督は、『十三人の刺客』など集団抗争劇と言われた時代劇を数本作っているが、本作はまさに集団愚連隊抗争劇。後年の『現代やくざ　人斬り与太』(監督・深作欣二)にも通じる色合いが出ており、数あるヤクザ映画の中で独特の位置にある作品と見た。

俳優たちの見せ場が、たっぷりとつまっている面白さも、この作品の大きな見所と言っていい。安藤を暖かく見守りながらも、ヤクザの非情さに義憤を感じて執拗に安藤につきまとうデカの伴淳三郎。明らかに内田吐夢監督の『飢餓海峡』での刑事の役柄を踏襲しており、味のある演技を見せている。この人のいいところは、例のセリフ回し。例えば「黙ってろ、この野郎」のセリフ。この言葉が鮮明でないのに、ニュアンスだけは言った相手と観客にはっきりと伝わる。伴淳セリフとでも言おうか。この人のしゃべる言葉を聞けるだけでも、この作品は価値がある。

安藤の子分となる永山一夫。知名度はないが、顔を見ればすぐに〝わかる〟俳優。夏木勲とソックリなのが損をしたか、いつの間にか芸能界から姿が見えなくなってしまったが。しかし、本作の永山はいい。大学出身のインテリヤクザ。安藤の参謀格で、例の独特の口調が健在。『ワイルドバンチ』で最初に殺されてしまうボー・ホプキンスとも似ている気がする人なのだが、誰かに似ていると思わせてしまうのが損な俳優なのかもしれない。

東映の脇役で、顔を見ればすぐわかる潮健児が、結構大きな役で登場しているのもうれしい。安藤の末端の子分で、敵の幹部が安藤の名前を呼び捨てにしたのに怒って、その幹部を刺してしまう。たまたまそのヤクザが、兄貴分の山城新伍のダチだったことから「指をつめりゃいいんだろ」とばかりに、ユーモアたっぷりに指を斬ってしまうのだが、後ろか

安藤昇と永山一夫

ら入ってきた安藤の女房・瑳峨三智子の対応がまたいい。「どうしたの」「こいつが指を斬ったんで」「あら、そう」。瑳峨は最後にはその指を神棚に上げて、拝んでしまうバカバカしさなのだ。

また、新劇俳優の松山照夫が、安部の殺し屋として安藤を殺そうとするのだが、何となく頼りなげなこの松山の演技もいい。松山は自転車に乗って、安藤を殺しに行く。このシーンを観て、私はハタと膝を打った。自転車に乗る殺し屋。これは『キッズ・リターン』での北野武演出ではないか。私は北野のオリジナルだと思っていたのだが、工藤栄一がすでに演出済みだった。

このような俳優たちの演技は、工藤ならではという気がする。工藤が俳優たちに好かれていたのは、それぞれの俳優たちのいい所をつかむ演出手腕が、他の監督と比べて抜きん出ていたからだろう。だからいつもは憎々しい安部徹が、今回ばかりは裏ぶれているのも納得ができる。本作は全く知名度がないが、数あるヤクザ映画の中で出色の出来栄えになっていると断言しておく。

■

▼六七年……80点

【侠骨一代】

★

監督：マキノ雅弘　脚本：村尾昭　松本功　山本英明
撮影：星島一郎　音楽：八木正生
出演：高倉健　藤純子　大木実　石山健二郎　宮園純子　志村喬

珍しや軍隊風景から映画が始まる。昭和二年という字幕が出て、こんな言葉が冒頭に入っている。「お前、女と歩いたことあるのか」「何でそんなこと聞くんだ」「そんなに速く歩くと嫌われるぞ」「……」。「いや、つまりな、おまえの足が速いんで、みんな嫌がってんだ」。これは軍事教練での会話。聞いたのが大木実で、速く歩いたのが高倉健。この会話だけで、高倉の性格を表す見事なシーンであり、これと同じ会話がその後東京の港湾で働く高倉に、人夫仲間の今井健二から発せられる。つまり「そんなに働くとみんなが迷惑する」。

こうした会話の数々が、この作品の大きな魅力である。港湾の人夫仲間と料理屋に行き、高倉はそこで仲居兼娼婦の藤純子と運命的に出会う。じつはこの藤は高倉の亡くなった母親とそっくりであり（つまり藤の二役）、そのことが高倉の気を大きく惹くのだ。人夫の潮健児がまず藤にチョッカイを出す。「お高くとまっていやがる」と潮。「お高いわよ」と藤。自分の値段のことを言ったのだが、潮はよくわかっていない。「人夫だと思ってなめてんのか」「なめるわけないよ、そんな汚い顔」。勝負ありである。ここで高倉がやってくる。お袋似の藤にびっくりしている高倉は、「アバズレだよ、よしなよ」と言った今井を引っぱたくのだが、この「アバズレ」という言葉が、映画のラストシーン近くで藤が言う「私、アバズレじゃないでしょ」につながっていくのは見事であった。

人夫をたばねる組に入った高倉は、そこの親分・志村喬が取った水道工事の入札に妨害を加える別の組に殴り込みをかける。それを大きく促すのは、輸送に必要なトラックを焼かれて窮地に陥った高倉に、大枚を残して満州に去った藤純子の存在。彼女

【俠骨一代】

高倉健と藤純子

がいなくなってしまった一種の絶望感から、高倉は敵に乗り込むのだ。このあたりが、いかにもマキノ演出らしいと言える。藤は自分の身の上から、とても高倉の母にかなわないという意識がある。母似が二人を結び付け、そのためにこそ離れるという絶妙な物語展開であった。『日本俠客伝』シリーズとも、また一味違ったマキノ節。藤に、登場シーンとラストシーンで、牛乳を飲ませる不思議な演出。彼女は絶えず白いガーゼを喉元に巻いており、これがまた非常にいい効果を見せている。

乞食の一団に入っていた高倉に、一人の乞食が言う「生きるためには、命懸けの恥ずかしさを知らなきゃな」はまさに極めつけの名セリフであろう。マキノ監督の代表作の一本である。

▼六八年……94点

【博奕打ち　総長賭博】★

監督：山下耕作　脚本：笠原和夫　撮影：山岸長樹
音楽：津島利章
出演：鶴田浩二　若山富三郎　藤純子　桜町弘子　金子信雄
名和宏

数多く量産されたヤクザ映画の中で、極めつけの傑作と言われている作品。あの三島由紀夫が絶賛して、ヤクザ映画の評価を一変させた作品でもある。傑作たる所以は、組織と個との相克の凄まじさを山下演出が端正な映像で描き切ったことにあるだろう。ヤクザの組を守ろうとする人間とそれをぶち壊そうとする人間。前者が鶴田浩二、後者が若山富三郎が演じる。そしてその対立を仕掛けたのが、亡くなった親分の兄弟筋にあたる金子信雄。跡目をめぐって子分で力のある者同士の鶴田と若山が対立し、若山の暴走についに鶴田が制裁のドスを突き刺すの

藤純子　若山富三郎　鶴田浩二

である。仕掛け人の金子は、総長賭博のテラ銭を、丸々大陸進攻の資金にしようと企んでいるわけだ。

名場面満載の映画でもあるのだが、鶴田の女房・桜町弘子がかくまっていた若山の子分・三上真一郎を若山に連れて行かれて、その責任を感じて自殺するシーンから一転、雨が降りしきる墓前に集まっている鶴田らに駆け寄ってくる若山と三上をカメラが捉えるあたりの映像の呼吸がとにかく素晴らしい。ここで鶴田は、若山との兄弟盃を地面に叩きつける。一触即発、両者の斬り合いが始まると思いきや、鶴田の妹で若山の女房でもある藤純子が、「姉さんの墓前で何ということをするの」と二人に割って入る。もちろん二人は斬り合いをするわけにはいかず、遺恨を抱えたまま別れることになる。若山は藤に別れ際、「お前とは離縁したぜ」と言い残すことになるだろう。

いちいちこういう名シーンを挙げていったらキリがない。まさに様々に入り組んだ人間同士の劇が、組織と個、そしてそこから生まれる情やしがらみ、さらに権力欲をも巻き込んで、壮大な悲劇として成立しているのが『総長賭博』の突出したところなのだ。ラスト、金子信雄を前に鶴田浩二は「俺は

鶴田浩二と金子信雄

仁侠道なんか関係ない。ただの人殺しなんだ」と言い放つシーンは本当にゾクゾクした。仁侠道を死守しようとした鶴田は、組織と個の関係性の極限の中で、ついに何物でもない「人殺し」という地点にまで自己の存在を下降させていくのである。因みに、跡目に座らされることになった二代目を演じる名和宏が、彼の映画人生の中でベスト演技を見せていることもここで指摘しておきたい。弱さの中に、きりっとしたまっとうなたたずまいを見せる役柄で、名和はその微妙な演技を見事にこなしていた。

■

▼七二年……69点

【博奕打ち外伝】

★

監督：山下耕作　脚本：野上龍雄　撮影：古谷伸
音楽：木下忠司
出演：鶴田浩二　若山富三郎　菅原文太　松方弘樹　伊吹吾郎
浜木綿子　辰巳柳太郎　高倉健

明治中期の九州・若松。地元のヤクザと船頭たちが対立している。船頭たちは舟の上なら大丈夫と、自分たちで賭場を開いているのだが、ヤクザたちは舟の上でも俺たちの縄張りだとイチャモンをつけているのだ。船頭たちの元締めが鶴田浩二。ヤクザの親分が若山富三郎。気の弱い若山に代わって、実はイチャモンをつけているのは代貸・松方弘樹。松方は鶴田の弟・伊吹吾郎を監禁して騒ぎを大きくする。

若山がたばねる組は、北九州の大きな組織に所属している。大親分の辰巳柳太郎は二代目に、一番手の高倉健ではなくて若山を指名した。若山と高倉は兄弟分。高倉は鶴田とも同じく兄弟分。実は辰巳の息子が高倉であり、この事実は一部しか知られておらず、えこひいきを嫌って辰巳は若山を推した経緯がある。この事実を知った鶴田は、身を引いて旅に出た高倉の気持を推し量り、以前にも増して圧力を加える松方らの横暴に耐え忍ぶのであるが……。

以上の配役陣の他に菅原文太（鶴田の二番目の弟）

が出ているから、これらの配役から当時のまぎれもない任侠大作だということがわかる。本作で出色の

高倉健と鶴田浩二

演技をしているのが松方弘樹である。片目で足を引きずる体の不自由さも異様なら、松方らしくないとつとつとした重々しいセリフ回しも不気味。若山を何とか大親分として引き立てようと、本作で唯一悪役らしいふるまいに出る。

面白いのは若山と松方の関係で、手を握り合ったり泣き合ったり、親分と子分の関係の枠をはみ出すほどの密着ぶりを見せる。ヤクザ映画には時として男色的関係がほのめかされる場合があるが、本作の若山と松方の関係はその中でも一番〝迫力〟があった。

任侠映画がピークを過ぎ、マンネリ化していく中の〝余裕の〟一編という感じがした。物語も、俳優陣の演技も、明治中期の北九州という舞台背景も、実に堂に入った感じ。その中で一番気になったのは、本作ではたっぷりと自己犠牲の美学が見られたことであった。若山に対する松方の思いは、ある種の自己犠牲であろうし、兄弟分の若山が結果的に鶴田の二人の弟を殺したことに対して、鶴田にわびを入れる意味で高倉が腹を切ってしまうのも自己犠牲の美学だろう。実に興味深い作品であった。

▼六八年……52点

【極道】

監督：山下耕作　脚本：鳥居元宏　松本功　撮影：山岸長樹
音楽：八木正生
出演：若山富三郎　鶴田浩二　大木実　清川虹子　菅原文太
北林早苗

若山富三郎の東映初主演作品である。六八年に製作・公開されているから、まさに任侠映画が順風満帆のころ。様々な企画の立ち上げの中から生まれた作品なのだろう。もちろんメインストリートとはいかなかっただろうが、若山の主演作が作られたこと自体、任侠映画のブームの厚みを感じさせる。極道とは、愚連隊という意味で映画では使われている。金看板（代々続いているヤクザの組織）に憧れる極道・若山。しかし金看板を〝手にした〟若山は、大きなヤクザ組織によって排除されてしまう。

『極道』というタイトルから、かなりえげつない作品を想像したのだが、意外に大人しい仕上がりになっていたのが驚きだった。おそらく、定型化され

菅原文太　若山富三郎　潮健児（右下）

つつあった任侠映画へのアンチテーゼとしてこの作品は作られたのだろう。しかしそのアンチぶりが、ちょっと徹底していないのだ。特別出演として、刑務所から出てくるヤクザに鶴田浩二が扮している。若山が金看板欲しさに跡目を狙う組に以前厄介になった男だが、鶴田が登場すると若山は明らかに貫禄負けをしてしまうのだ。任侠映画における鶴田のイメージを、極道・若山のエネルギーが払拭《ふっしょく》できていないと言ったらいいか。逆の意味で言えば、それほど鶴田のイメージは当時強烈だった。

若山の子分で、菅原文太が出演している。待田京介や山城新伍より俳優序列が低く、ほとんどセリフを発しない不気味な役柄。任侠映画における鶴田のイメージを決定的に打ち破っていくのが、実録路線の『仁義なき戦い』シリーズなのだが、本作での菅原には、その実録路線の先がけともなった『現代やくざ　人斬り与太』での片鱗がちょっぴり出ている。東映ヤクザ映画の面白さとは実にこうしたところにもあり、細部を見ているといろいろな〝符牒〟に気づくのである。若山の女房役に清川虹子。時々二人がキスするシーンがあるのだが、どちらかが嫌がっているのかあまりしっくりいっていない。

■

【釜ヶ崎極道】

▼七三年……47点

監督：山下耕作　脚本：鳥居元宏　松本功　撮影：山岸長樹
音楽：曽根幸明
出演：若山富三郎　清川虹子　大木実　関山耕司　山城新伍
加賀まりこ

シリーズ第九作目。極道・若山富三郎のユニークなスタイルもすでにしてマンネリ化、釜ヶ崎を飛び出して芸能社を設立し、旅芝居を興行していく中で堅気の仮面を被った不動産業者と対立していくというのが大筋の物語。ヤマタカ帽にステテコ、愛嬌たっぷりの若山は今回、旅芝居の女役者にデレデレである。女役者を口説くシーンで、中国人役の関山耕司が無骨な姿で現れるのはまさにご愛嬌。しかし残

潮健児　若山富三郎　山城新伍

念ながら、この女役者を演じる無名女優が全く魅力がなく（色気はちょっとあるのだが）、今でいうセクハラまがいの若山の行為も、見ていて単なるスケベ親父でしかないのが情けない。

せっかく、別の役で加賀まりこが出ているのだから、何故彼女を旅芸者に持ってこなかったのか。まあ東映のことだから、女優起用に関しては様々な思惑が入り乱れていたのだろうが、それにしてもかなり重要な役にデクノボー女優を配しているのは不可解。というより、〝私物化〟し過ぎている気がした。若山のセクハラは、映画を超えてしまっているように見えたのがちょっと困った。七三年あたり、東映の一部に膠着した気分が蔓延していたのだろうか。コメディ仕立ての作品だから、ダレた雰囲気があっていいというものではない。〝穴埋め的〟作品だからこそメインを食うほどのエネルギーが見られていいのである。おそらくそういう正論をあっさりと覆してしまうほどの一種の馴れ合い状況。そういうものが本作を象徴的に、当時の東映の一部に当時あったということかもしれない。

▼六八年……………76点

【緋牡丹博徒】

★

監督：山下耕作　脚本：鈴木則文　撮影：古谷伸
音楽：渡辺岳夫
出演：藤純子　高倉健　若山富三郎　待田京介　山本麟一
金子信雄　大木実

藤純子主演のまさに〝歴史的な〟シリーズの第一作目。明治の中期、熊本の博徒の一家に育った矢野竜子は、父を辻斬りで殺され、決まっていた堅気の男との結婚をあきらめることになる。一家は離散、父の仇をうつべくお竜（！）は仕込み刀を抱いて旅から旅に出ていくというのが物語の発端。今観てびっくりするのは、お竜の妖艶さと娘時代の可憐さが、藤純子という女優の中で見事に共存していることだ。二つの〝顔〟に、全く異和感がない。前者は、七二年の引退まで続く藤純子の代表的な〝顔〟。後者は、『総長賭博』などで見せた『緋牡丹博徒』以前の彼女の〝顔〟。彼女にとっての一大転機となるこの『緋牡

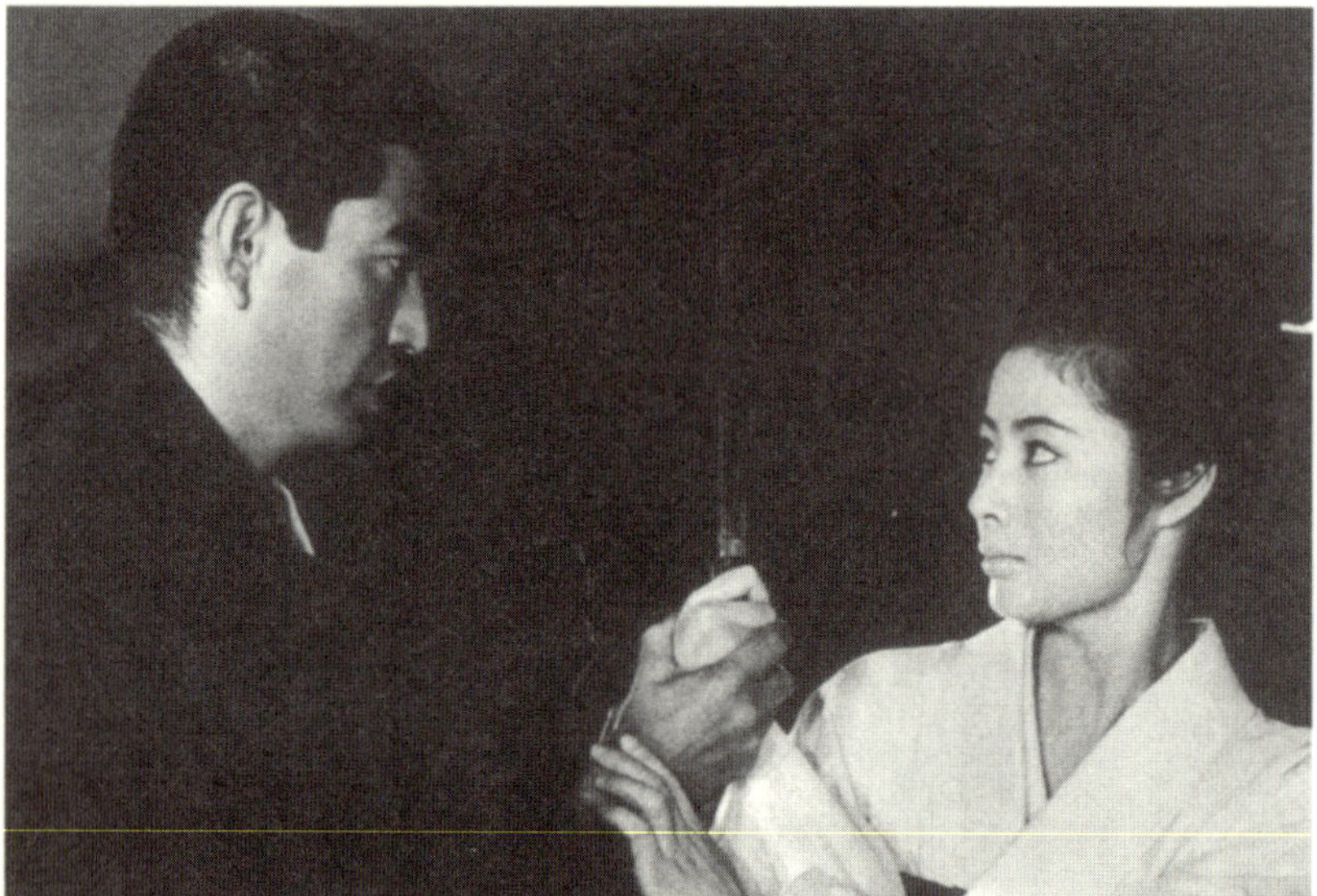

高倉健と藤純子

丹博徒』において、そうした二つの〝顔〟が混じり合っている面白さ。

さらに興味深いのは、旅先で出会う渡世人・高倉健に彼女は、お竜としての男勝りの〝顔〟を批判されることだ。「亡くなった親父さんは、そんなお竜さんを見たくはありませんぜ」。彼女は「私はもう女ではありません」と言い放つものの、内心動揺を禁じえない。そして唯一の子分であった山本麟一が、仇役の大木実らに殺されて死ぬ寸前の描写。小さいころから彼女を知っている山本は、ほのかな恋心をお竜に抱きながら、何と娘時代の可憐な姿を思い浮かべるのだ。刀さばきもさっそうとしたお竜の〝今〟ではなく、山本の脳裏には健気な純粋無垢のままの矢野竜子が、死の間際にイメージされる。ここでも〝強い〟お竜像は否定されるのだ。

そしてラスト、殴り込みの助っ人という形となった高倉は、敵の刃に倒れる。かけ寄るお竜。「人殺しになってほしくなかった」と高倉。「あたしのために」と問うお竜。「俺のために」と高倉が言い放つや、彼女は高倉を抱きしめ泣き続けるのである。もちろん、画面には緋牡丹の花が咲きほこっている。この感動的なシーンは二人の恋情を超えて、まさに〝緋牡丹博徒〟として生き続けざるをえない矢野竜子こと藤純子のその後を決定的にした意味が大きい。可憐な彼女の幼い〝顔〟は以降影をひそめ、斬ったハッたの世界に身を静めていく、一つの断念の描写としての意味があるのである。そして、より妖艶さと強靭さを増していくお竜像の徹底化こそが、一つの神話を形作っていくことになる。いかにしてその神話が作られていったか。第一作目はそのあたりの経緯を藤純子の心情を超えて、一つの断念のドラマとして提示しているのが見事であった。

▼六八年……61点

【緋牡丹博徒 一宿一飯】

★

監督・脚本：鈴木則文　脚本：野上龍雄　撮影：古谷伸
音楽：渡辺岳夫
出演：藤純子　鶴田浩二　若山富三郎　待田京介　菅原文太
天津敏　水島道太郎

明治時代の上州。本家、分家にあたる二つの一家の対立に、お竜・藤純子が介入する。本家・水島道太郎親分は、企まれた仕わざとも知らずに、不当な取立てに苦慮する地元民のために立ち上がる。これを後ろから糸を引いていたのが、分家・天津敏率いる一家。水島は警察に射殺され、天津は上州の一帯をたばねる親分となる。本家の客分だった藤は、一時は四国にいる弟分・鬼寅（若山富三郎）のところに身を寄せるが、水島の死に憤激して上州に舞い戻り天津らと対決することになる。

シリーズ第二作目だが、すでに藤純子は堂々たる

藤純子と村井国夫

風格を持っている。まだまだ鋭い風貌には到っていないが、それが逆に彼女の大きな持ち味である柔らかな体の線を強調する。ある賭場で、隣の部屋に坐っている藤を見て客たちが騒ぎ出す。「あれが矢野

一家の親分だぜ」。その迫力が、すでにして充分備わっているのだ。旅人の山城新伍と玉川良一が、藤の貫禄に憧れて子分志願を何度もするのも、大いに説得力があると言わざるをえない。

　物語自体に斬新さはない。特にラスト、藤と道行きになる流れ者・鶴田浩二は、第一作目の高倉健ほど藤との男女関係が深くならなかったのが残念だった。ただその道行きの場面で、以前鶴田が藤を助けた時に彼女が敵に放ったかんざしを当の鶴田が所持していて、それを何気なく藤にさしてやるシーンは良かった。天津の子分となる菅原文太がワルに徹していたのも、今観るとちょっと不思議。水島の子分で、村井国夫が孤軍奮闘していたのも付け加えておこう。

■

▼六九年……………72点

【緋牡丹博徒　花札勝負】

★

監督：加藤泰　脚本：鈴木則文　鳥居元宏　撮影：古谷伸

音楽：渡辺岳夫

出演：藤純子　高倉健　若山富三郎　嵐寛寿郎　待田京介　小池朝雄　藤山寛美

　加藤泰監督の〝緋牡丹博徒〟である（シリーズ第三作目）。だから、もちろん〝美学〟がある。藤純子の魅力を、ただひたすらに押し出した『女渡世人』（監督・小沢茂弘）と比べると、この作品の藤純子はやはりドラマの部分に組み込まれている印象が強い。

　高倉健扮する敵方の客人と雪が降り続く中で会話を交わすシーン。加藤泰お得意の、セットの中で汽車の煙が鉄橋の下に吐き出されていくシーンに続いて、二人の会話が始まる。会って一、二度だから、もちろん愛の会話が交わされるわけはない。しかし、藤のせっぱつまった物言いなども含めシチュエーションは、二人の関係が只ならぬもののように色づけされている。もちろんそのシークエンスのラストは、汽車が煙を出していくところで終わることになっていた。

　ラストの殴り込み。珍しや、藤は待田京介との道行きとなるが、安心してほしい。敵方（小池朝雄が

藤純子と高倉健

親分）に突っ込む寸前で、高倉健が現れる。そこの客分だった高倉は、あまりに理不尽な小池らのやり方に反発して、藤側につくことになるのだ。ここの殴り込みシーンは、意外にセーブされている。藤は、いともあっさりと小池を斬り倒す。

　そして極めつけのラスト。高倉は、藤を逃がす代わりに、自分が自首することを決意する。「傘を渡した時に感じたあなたの手の暖かさ。俺のお袋と同じ暖かさだった」と、聞きようによってはまさに愛の告白をした後、「牢の窓からも、春になれば花が咲き乱れているのが見えることでしょうよ」と男の〝美学〟。お竜は、この言葉に何も言い返すことができない。

　作家の宮崎学は、『金に死ぬな　掟に生きろ』の中である地方のヤクザに触れ、こう述べている。「『仁義なき戦い』より、むしろ『緋牡丹博徒』の世界に近い。古き良き時代のヤクザの組である」。そう、藤が可愛がられるある組（嵐寛寿郎が親分）など、まさに古き良き時代のヤクザの集団。緋牡丹のお竜は、そうした〝まっとうな〟ヤクザたちの巫女《みこ》的存在でもあるのだった。

▼七〇年……80点

【緋牡丹博徒 お竜参上】

監督・脚本：加藤泰　脚本：鈴木則文　撮影：赤塚滋
音楽：斎藤一郎
出演：藤純子　菅原文太　若山富三郎　嵐寛寿郎　天津敏　山城新伍　沼田曜一　山岸映子

★

世評高い〝緋牡丹博徒〟シリーズの第六作目。ただし、ちょっと困ったことがあった。今回、お竜はある女を探して旅に出ている。浅草のある一家にたどりついたお竜は、スリを生業としているある女に出会い、彼女が探していた女だと確認する。この時点で、お竜の目的は達せられてしまうのだ。これは、映画の中盤よりも前の時間経過。例によって、いいヤクザが悪いヤクザに翻弄されていくドラマ展開なのだが、お竜がその一家に止《とど》まる理由が中盤以前になくなってしまったのだ。客分としての義理、探し

藤純子と菅原文太

ていた女が、一家の親分・嵐寛寿郎の養子になることなど、お竜にとってその一家に居続ける理由がないことはないのだが、やはり女探しの決着点をラスト近くに持ってきたほうが、ドラマにより緊張感が漲ったのではないだろうか。

と言いながらも、ファースト・シーンからまず度肝を抜かれることは必至だ。ある若い娼婦が、お竜の顔を触っている。娼婦は目を閉じて、お竜の顔の輪郭を確認しているようだ。実は探している女は、お竜が知っていた当時目を悪くしており、顔の形だけで彼女はお竜を実感していた。だからその娼婦は、目を閉じて確認していたのだが、このあたりはクローズ・アップの多用で撮られており、映画の冒頭シーンとしては、かなり異様な雰囲気を醸《かも》し出していた。

結局人違いがわかってお竜がその場を離れる寸前、娼婦がお竜の足を見て唐突に言う。「あ、素足」。続けて「風邪引かん」。何気ないシーンだが、私はちょっとギクッとした。監督の加藤泰の演出というものが、『明治侠客伝　三代目襲名』における大木実の肩の動きの描写にもあったとおり、人間の肉体のある部分に視点が定まる時、一種異様な効果を見せているのに気がついたからである。たとえばこの冒頭シーンは、ラストの殺陣回りの最中、つめていたお竜の黒髪が、さっと解けて肩にかかる時の描写につながっている。素足から黒髪。その〝部分〟が全体の描写の連なりの中から浮き上がることで、非常に効果的な映像のアクセントになっているのだ。この作品の名場面、橋のたもとで旅に出る流れ者の菅原文太にお竜がミカンを渡し、それが落ちて転がるシーンより、私には肉体の部分の描写のほうが、非常に気になった作品であった。

▼七二年……57点

【緋牡丹博徒 仁義通します】★

監督：斎藤武市　脚本：高田宏治　撮影：山岸長樹
音楽：小杉太一郎
出演：藤純子　菅原文太　片岡千恵蔵　長門裕之　松方弘樹
若山富三郎

六八年にスタートした〝緋牡丹博徒〟シリーズの第八作目＝最終作である。監督は、日活出身の斎藤武市。この起用は、意外と言っていい。しかし、残念ながら全体の印象は交通整理的な演出に終始した。お竜の叔父貴にあたる大阪のある一家の親分・清川虹子が死んだことで、身内の二人である待田京介と松方弘樹が、跡目をめぐって争うことになる。お竜は、清川の遺言に立ち会う。松方を三代目に、待田には重要なシマを与えるというのだが、納得いかないのは待田だ。後見人に対立する一家の親分・河津清三郎を立て、親分衆見立ての中で三代目を狙うのだが。

この作品の見所は、一つしかない。お決まりの殴

菅原文太　藤純子　若山富三郎

り込みに、お竜の藤純子に兄貴分の若山富三郎、浜松出身の旅人の菅原文太の二人が同行するところだ。〝兄貴さん〟（若山のこと）と行きずりの旅人に囲まれての殴り込みは、藤の女としての側面を非常に表していたと思う。お竜はまさに兄と恋人（？）に守られて死地に赴くのだ。そして最後に待っていたのは、〝父〟としての親分衆の元締め・片岡千重蔵だった。片岡は斬られて息も絶え絶えの藤に言う。

「うまくいかないものだな」と。これは、菅原が死んでしまったことを指しているのだが、藤はそこでうなずく素振りを見せる。お竜が見られる本当の最後は、幾人かのヤクザ衆が見守る中、彼女が若山に体を支えられて雪の中を去っていくシーンだった。うがった見方をすれば、これは『忠臣蔵』の討ち入りが終わった後の浪士たちの道行きにも、奇妙に似ていたのだった。

■

▼六八年……………………52点

【不良番長】

★

監督：野田幸男　脚本：松本功　山本英明　撮影：山沢義一
音楽：八木正生
出演：梅宮辰夫　夏珠美　谷隼人　南原宏治　大原麗子　渡辺文雄　丹波哲郎　沢たまき

冒頭、夏の海岸で不良バイク仲間が女を輪姦するシーンを観て、日活作品の『八月の濡れた砂』（監督・藤田敏八）を思い出した。青春映画的な荒々しい描写のノリが、『八月の濡れた砂』に似ていたのだ。この『不良番長』、総じて日活のニューアクションを想起させる。暴走族が新宿で暴れ回るのは、日活作品『野良猫ロック　暴走集団'71』（監督・長谷部安春）に似ているし、全体的に東映調のドロ臭さが希薄で、これは日活ニューアクションが持っていたモダンなタッチのほうにより近い。ただし、主演の梅宮辰夫の風貌はまぎれもなく東映作品であるが。
　シチュエーションは、『893愚連隊』（監督・中島貞夫）のようなチンピラものである。暴走族仲間の梅宮、谷隼人、克美しげる、大原麗子らが集団を作り、スケコマシに精を出す。『893愚連隊』ほどしのぎに縛られてはいないが、女たちから金を絞りとろうとしているのには変わりがない。お定まりのようにヤクザが現れ、梅宮らと対立する。今回は

梅宮辰夫

二つの組が登場し、石山健二郎が親分のほうの組に梅宮らは加担する。大阪から乗り込んできた渡辺文雄が親分の組がバックアップする企業から、梅宮らは金をおどしとるが、結局は仲間を殺され復讐をする羽目になるのである。

残念ながら、何故か二番煎じ的な作品のように感じられてならなかった。それはやはり、日活ニューアクションの残像がこの作品にチラチラしたからだろうか。もちろんそれもあるが、暴走族仲間の間に何らのドラマ的起伏がなかったことがより大きな原因の気がした。谷、克美らが全くフラットな役回りで、大原に到っては役回りさえもなく、チンピラたちの、言ってよければ〝アイデンティティ〟が描けていないのだ。『893愚連隊』にあった、〝ネチョネチョ生きる〟チンピラたちの〝思想性〟が少しなりともほしかった。

▼七四年……………………49点

【極道VS不良番長】

監督：山下耕作　脚本：高田宏治　志村正浩　撮影：古谷伸
音楽：八木正生
出演：若山富三郎　梅宮辰夫　渡瀬恒彦　大木実　山城新伍

シリーズものをかけ合わせて〝VSスタイル〟にした作品の第二作目。これもまたシリーズものになる微笑《ほほえ》ましさが、ここにはうかがえる。国内では怪獣ものや『座頭市対用心棒』（監督・岡本喜八）、海外でも最近は『ジェイソンVSフレディ』なんて作品まである。洋の東西を問わず、この手の思わず苦笑してしまう作品が時々出てくるようだ。

ただしはっきり言って映画はつまらない。もともとが、『極道』にしろ『不良番長』にしろ、正統派の大真面目な任侠映画とうまく〝対〟になるように作られていたと思う。いわば正統派ではないヤケッパチ、不真面目さみたいなものが狙いにあるのだが、残念ながらそれが徹底されていないウラミがこの作品にはある。〝VSスタイル〟そのものが、かなりいかがわしい企画であるはずなのに、意外にまっとうに作られてしまっているのだ。

そのいかがわしさを、監督の山下耕作に求めるのがそもそも無理と言えるかもしれない。おそらく

若山富三郎

『極道』側の若山富三郎にしたら、どこかで作品のケジメをつけたいために、山下耕作に演出を委ねていたことがあったかもしれない。一種の気品みたいなものであり、これがあるからアンチ任侠映画風な作品でも、自身（若山）の存在理由が確認できた。しかしその姿勢こそが、作品に徹底性を欠き、意外に視点が定まらない内容に終始していたのではないか。

本作も、その延長戦上にある作品のように見える。岐阜を舞台に、釜ヶ崎からやってきた極道軍団がホルモン焼きの大量の屋台で商売を企む。地元ヤクザの親分・内田朝雄が仕切った歌手・ジュディ・オングの公演をめぐって両者は対立し、不良番長派の渡瀬恒彦がこれにからむ。なかで唯一興味深いのは、組を解散して一見堅気の極道派が、地元ヤクザに対して本物の任侠道を見せようとするところ。ここに任侠映画でも連綿と描かれてきた、堅気とヤクザの対立の構図がはっきりと示されている。屋台を大量に繰り出してしのぎにしようという仕事認識と、マドンナ風な扱いになっているジュディ・オングへの若山の思い。山下演出はヤクザ以前の人間らしさを若山に託そうとしている狙いがあり、若山の意地はわからないこともなかったのだが。

■

▼六八年……82点

【人生劇場 飛車角と吉良常】★

監督：内田吐夢　脚本：棚田吾郎　撮影：仲沢半次郎
音楽：佐藤勝
出演：鶴田浩二　辰巳柳太郎　高倉健　藤純子　左幸子　中村竹弥　松方弘樹

尾崎士郎原作『人生劇場』の中の残侠篇を映画化した沢島忠監督『人生劇場　飛車角』のリメークである。監督の内田吐夢は、東映で『宮本武蔵』五部作を六一年から六五年にかけて製作。三年ぶりの演出作品だった。製作に、当時東映社長の大川博の名前が入っている。それだけ、東映としては力の入った作品だったということだろう。『人生劇場　飛車角』と同じ配役は、飛車角の鶴田浩二と宮川の高倉健。おとよは佐久間良子から藤純子、吉良常は月形龍之介から辰巳柳太郎、青成瓢吉は梅宮辰夫から松方弘樹に代わっている。

『人生劇場　飛車角』は、任俠映画の原点と言われる。そこでは当然、ヤクザ同士の様々な対立が見せ場になっていて、それが任俠映画の土台となっていたのだが、本作を観ると、『人生劇場　飛車角』でも重要な物語となっていた飛車角、宮川、おとよの三角関係により力点が置かれているのがわかる。つまり、この作品では少し説明不足なくらいヤクザ間の対立ははしょられており、その分執拗なくらい三角関係が描かれているのである。そうした中にあって、吉良常の役はもちろん狂言回しとでも言えるものになっている。

この作品でなかなか面白いところは、すでに深い関係になっていた高倉と藤が、藤の女郎仲間である左幸子の手引きによって駆け落ちしようとする寸前、藤が左の一言によってあきらめてしまうところである。左は言う。「あんたは宮川さんが好きじゃないのよ」。こう左に言わせてしまうのは、藤が「やさしくされると、すぐその気になってしまうの」という言葉があるからであり、左は「それは危ういよ」と忠告してしまうのだ。「あんた、いじらしいね。観音様みたい」とも左は言うのだが、その時点で左は藤が宮川・高倉を心底からは愛していないのを悟る。

藤は左の「あたしとどっかに行っちゃおうよ。二人の男から離れて」という言葉の誘惑に抗し切れない。しかし、結局は吉良の港で芸者になっていた藤は、宮川ならぬ飛車角の鶴田と出会ってしまうのだが、藤と左の女同士の関係というものは結構リアリティがあったのではないだろうか。さらに藤の、側にいる人に心を惹かれてしまう女の〝性《さが》〟もまた、かなりありだなという気がする。それをはっきりと指摘してしまう左に、女の怖さが見える。

この作品が三角関係に焦点を大きく絞っていると思われるのは、そうした物語の進行上のことだけではない。ラストの鶴田の殴り込みに際し、その時の描写をカラーとモノクロ映像でくっきりと表していることにそれが示されている。吉良常の死（病気）を確認した飛車角・鶴田が、東京から吉良に乗り込んできた山本麟一親分らがいる一家に出向く際、先陣の宮川・高倉の死を見届けるシーンから、映像はモノクロに変わる。鶴田が山本らを斬り倒した後、おとよ・藤の声が聞こえ、カメラが藤を捉えた瞬間に映像はカラーに移る。

左幸子と藤純子

カラー、モノクロ、カラーと転じるこの映像の連なりを、単にテクニック上のものと捉えてはならない。鶴田は殴り込みの前に、「(こっちは) 女の来るところじゃねえ」とはっきり藤に言っており、その「来るところじゃねえ」殴り込み(高倉の死も含め)をモノクロ、そしてその後の藤の導入部でカラーが使われたことは、この作品の根幹そのものを表していると言える。つまり映像の両者の使い分けは、カラーシーンにおける藤の存在を、一段と大きくする意味合いがあった。赤を基調にした着物を全編を通じて彼女は着ていたが、まさにこの鮮烈な赤の映像こそ、三角関係における男女の愛の形を象徴的にしていた。

　モノクロは、明らかに死に通じる。それは三角関係とは無縁の世界であろう。だからこの作品は、任侠映画の一番の見せ場たる殴り込みのシーンをかなり距離を置いて描いているという意味から、任侠映画でさえないと言うべきか。任侠映画の美学が頂点に向かって進んでいた六八年当時の東映にあって、この作品はその原点たる『人生劇場　飛車角』の中から、意図的に男女の愛のドラマを抽出してみせた。素晴らしい企みと言う以外ない。

▼六九年……56点

【現代やくざ 与太者の掟】

監督：降旗康男　脚本：村尾昭　撮影：星島一郎
音楽：菊池俊輔
出演：菅原文太　待田京介　若山富三郎　志村喬　藤純子

東映ヤクザ映画史的には、菅原文太の東映初主演作となっている。着流しもののヤクザではなく、〝現代やくざ〟と銘打ってあるところに菅原らしさが表れていると言えよう。六九年というこの製作・公開年には、彼の別の主演作『関東テキヤ一家』も始まっている。マンネリ化しつつあった東映映画に、新しい風が吹き始めてきたのが六九年という年であった。

現代（映画公開時）の新宿が舞台。府中刑務所から出てきたチンピラの菅原文太は、山城新伍、石橋蓮司、砂塚秀夫、小林稔侍、大辻伺郎らの愚連隊を配下に、地元のヤクザとイザコザを起こす。そこの

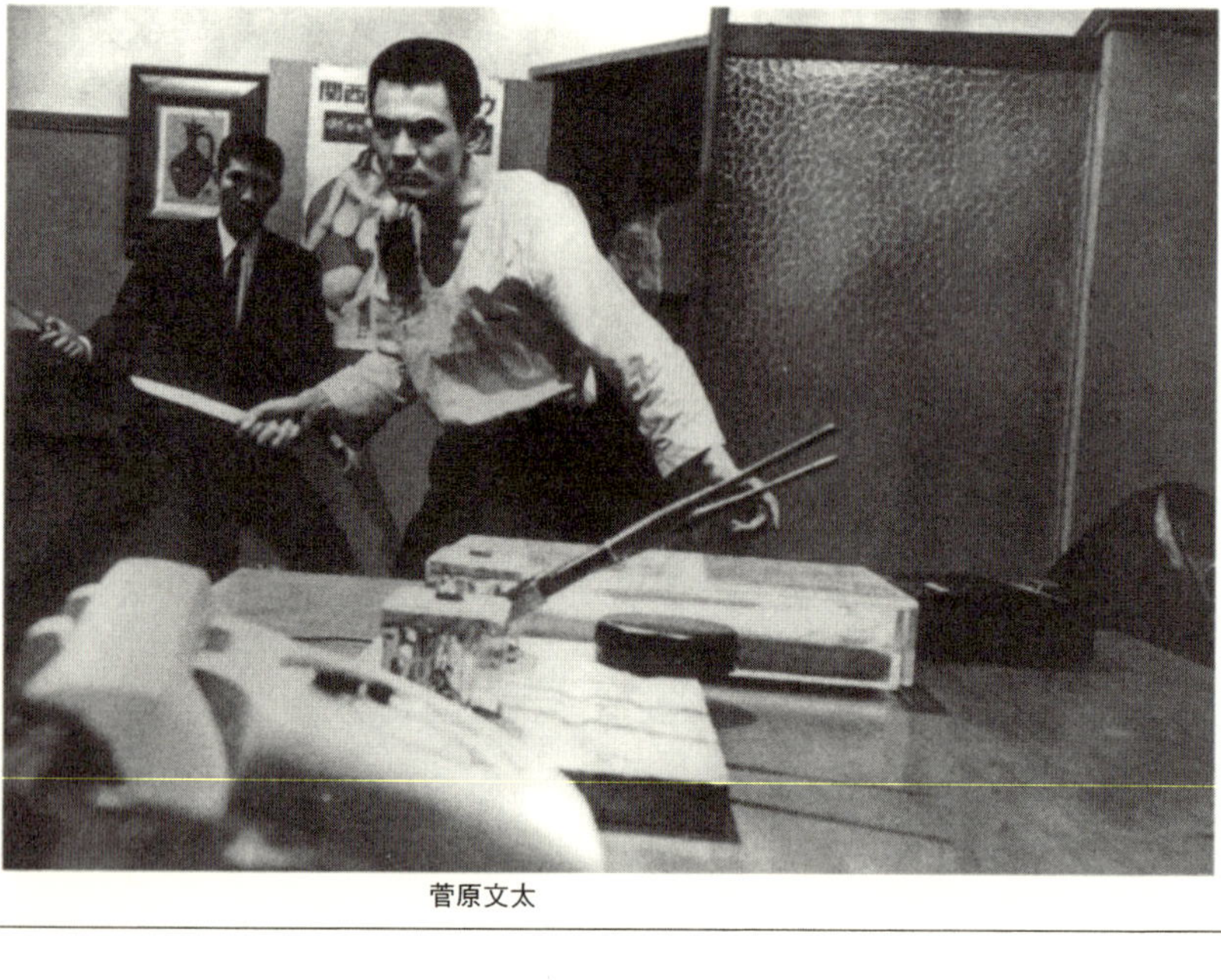

菅原文太

【現代やくざ　与太者の掟】

親分が安部徹、幹部が名和宏。このあたりの展開は、『893愚連隊』（監督・中島貞夫）とちょっと似ている。ただ決定的に違うのは、菅原がヤクザ側の待田京介と心を許しあい、兄弟分となってしまうことだ。

つまり組織立ったヤクザの組にも、正義感の強い男がおり、結局はその男との絆の故に安部や名和らを倒しに行くというのが、この作品を貫いている物語の基軸である。古いヤクザの典型のような若山富三郎も登場し、組織立ったヤクザへの徹底的な不信感を見せた『893愚連隊』とは、その〝距離感〟がかなり違っている。

だから、作品全体には妙な古めかしさが漂っている。〝与太者〟を描こうとしながら、与太者としてのムチャクチャぶりから、本作はずいぶん隔たっているのだ。組織に属さないチンピラの意地を見せながらも、結局は義理や人情の〝しがらみ〟から逃れられない。もちろん、この義理と人情は東映任侠映画の大きな要素なのだが、〝与太者の掟〟を謳うのなら、ちとニュアンスが違っていたのではないか。

菅原文太のチンピラ、愚連隊的な資質が充分に漂いながらも、結局は東映任侠映画のパターンにはまってしまった作品、それがこの『与太者の掟』と言っていいだろう。ただ後年の『現代やくざ　人斬り与太』や『仁義なき戦い』シリーズにつながる作品であることは間違いなく、東映ヤクザ映画史的には知名度があまりないにもかかわらず、重要な意味を持つ作品であった。ラストの菅原の殴り込みには、若山富三郎の歌が流れ、藤純子も出番が少ないながらも出演している。菅原初主演作品を盛り立てんとする、製作陣の心構えだろう。

▼七二年……96点

【現代やくざ 人斬り与太】

★

監督・脚本：深作欣二　脚本：石松愛弘　撮影：仲沢半次郎
音楽：津島利章
出演：菅原文太　安藤昇　渚まゆみ　内田朝雄　室田日出男

「俺は沖田勇。スケとケンカにゃ強いが、バクチはからっきし苦手。仲間からは生まれた日が悪いって言われるんだ。昭和二十年八月十五日。敗戦の日。負けが染み付いているんだ」というような主人公の独白にかぶり、沖田勇こと菅原文太の姿が、スナップと映像で見事に活写されるのが冒頭シーン。津島利章の軽快な〝人斬り与太〟のテーマ音楽がまたいい。ひょっとして、『仁義なき戦い』のあの名曲よりいいかもしれない。

東映ヤクザ映画史上、最も素晴らしい冒頭シーンと言っていいだろう。タイトルが出るまでの数分間、観客は恍惚となること受け合いである。まさに個というものをとことん掘り下げ、その生きざま、死にざまを過不足なく描き上げた本作にふさわしい導入場面だった。壮重ではなく、軽快なのがいい。明から暗へ。喜劇から悲劇へ。この作品はそうしたドラマ的起伏を持つのだが、にもかかわらず導入部の突出した軽快さが、ヤクザ映画というより映画のいわく言い難い魅力を物語っているように私には思えた。

菅原は、川崎を根城とするチンピラである。時代背景は、映画の製作時と同じだろうから七〇年代はじめ。菅原は二十代後半という設定だ。チンピラが集まって愚連隊となり、菅原は地元のヤクザの親分を斬りつけて懲役。数年ぶりに川崎に舞い戻った菅原は、組織から離れていた小池朝雄と組んで再び愚連隊として暴れまわる。狙いは、組の縄張りだ。そこでは二つの組が敵対していた。

何といってもこの作品の大きな魅力は、菅原と恋人・渚まゆみの修羅場の描写だ。二人の出会いは強姦だが、刑務所を出た数年ぶりの菅原が行ったスナックで、二人は再会する。渚は売春婦になっていた。強姦の男だと気がついた渚は、あんたのせいでこうなったと菅原にナイフを振り回す。この二人のくんずほぐれつの〝乱闘〟がいい。決定的な〝乱闘〟ではなく、その後二人はデキてしまうなと予感させられるような〝乱闘〟。気まずくなった菅原は逃げ出すが、二人は再度、かつての強姦の現場で対峙する。ここで二人はやっぱり和解してしまうのだ。フェミニズム派からしたら、信じられないシーンだろう。和解の一言は彼女が放った「かあちゃんがつくってくれた赤飯のおにぎりを台なしにして」という言葉。そして合意のセックスに至る経緯を、くだんの小池朝雄がしっかりと目撃していた。

菅原文太

　ムチャを続ける菅原を見て、一方の組長・安藤昇が「俺たちの若いころとそっくりだな」と言い、子分の室田日出男が「(俺たちは)もっと激しかったですよ」と答えるシーンもいい。しかし、そのムチャぶりは徹底しており、ついに安藤は彼のために小指を落とす羽目に陥ってしまう。このあたりの菅原の突進ぶりの凄さは、ヤクザ映画史上でも類のないものと言っていい。ガムシャラ、思うがまま。まるで生まれたての胎児のように、世界が自分の側で回っているといった感じ。しかし菅原はバカではない。それは感動的なラストシーンが物語っている。

二つの組から追われる羽目になった菅原は、相棒の小林稔侍らと廃墟の家に立てこもる。にっちもさっちもいかなくなった菅原は、ここでやっと小指を落とす。以前にも落とす羽目になったのだが、そこではゴリ押しをした。今回落としたのは、子分らのためである。前段階として、戦線離脱した小池から統率力を批判されていた。まさに自身の矜持と組織へのこだわりを、ギリギリ煮つめた末の小指斬りであった。以前のムチャぶりが徹底していただけに、この醒めた菅原の態度には瞠目させられた。

小指を落としても、安藤とは別の組の組員は許してくれない。どつかれ、蹴倒されている中、なんとそこに渚まゆみが現れ、カミソリで組員らに斬りつけたのである。射殺される渚。それを見た菅原のなんとも凄まじい顔。ここでの怒りは、それまでの無方向な暴れ方から生まれたものではない。明快な私怨として、ストレートな怒りが暴力に直結した。感動させられたのは、死した渚のかたわらに赤飯の固まりが置かれてあったことだ。この赤飯は、菅原に強姦された時に彼女がお袋さんから渡されていていて、放り出された同じ赤飯につながる。見事に愛のドラマとして完結したそのシンボルが、赤飯だった。悲痛な、喉元から歪んだ声が絞り出されるような、凄絶な愛のドラマだった。

渚まゆみ　　菅原文太

▼七二年……90点

【人斬り与太　狂犬三兄弟】

★

監督：深作欣二　脚本：松田寛夫　神波史男　撮影：仲沢半次郎
音楽：津島利章
出演：菅原文太　田中邦衛　三谷昇　渡辺文雄　渚まゆみ

前作『現代やくざ　人斬り与太』の菅原文太は、組への所属を最後まで拒み、愚連隊の一員として通したが、今回の菅原はヤクザの組員。組のために刑務所に入るが、出てきた彼を待ち受けていたのは、組のつれない対応だった。しかしここからが、〝人斬り与太〟の真骨頂。しのぎのために、組のシマを荒らすなどムチャクチャをやりだすのだ。そして最後に何とかモノになりそうになったのが、スナックでの売春を仕切るしのぎだった。

〝狂犬三兄弟〟とは、菅原と弟分の田中邦衛、そして、賭場でヘビを操ってヤクザにアヤをつけようとした三谷昇の三人。この三人が売春を仕切り、羽振りがよくなっていくのだが、敵対する組織の幹

田中邦衛　渚まゆみ　菅原文太

部・今井健二にそのからくりを暴かれ、窮地に陥っていく。前作『現代やくざ　人斬り与太』に引き続いて登場する渚まゆみは、そのスナックに無理やり連れてこられた〝イモ女〟。しかし、その拒絶の態度が徹底している。あまりに暴れるので、菅原は彼女を素っ裸にしてスナックに置いておくのだが、何と彼女は裸のまま外に飛び出してしまうのだ。驚く菅原は追いかけて、何とかスナックに連れ戻す。その時の三谷の一言がいい。「おもろい女だな」。不思議そうに田中は三谷を見つめるオチ。

所属する組と敵対する組の間で、自滅の道を突き進んでいく〝狂犬三兄弟〟。物語としては、前作からの飛躍はあまりないが、それでもこの作品には非常に興味深いシチュエーションがあった。それは、この作品が、七一年に公開された黒澤明監督の『どですかでん』の影響を明らかに受けていたことだ。影響というより、『どですかでん』の様々なシチュエーションを、自作の映画に取り込んでやろうという深作監督の一種の〝稚気性〟であろうか。

たとえば、田中、三谷、そして田中のお袋役の菅井きんという配役と並んで、そこにスラムがからめ

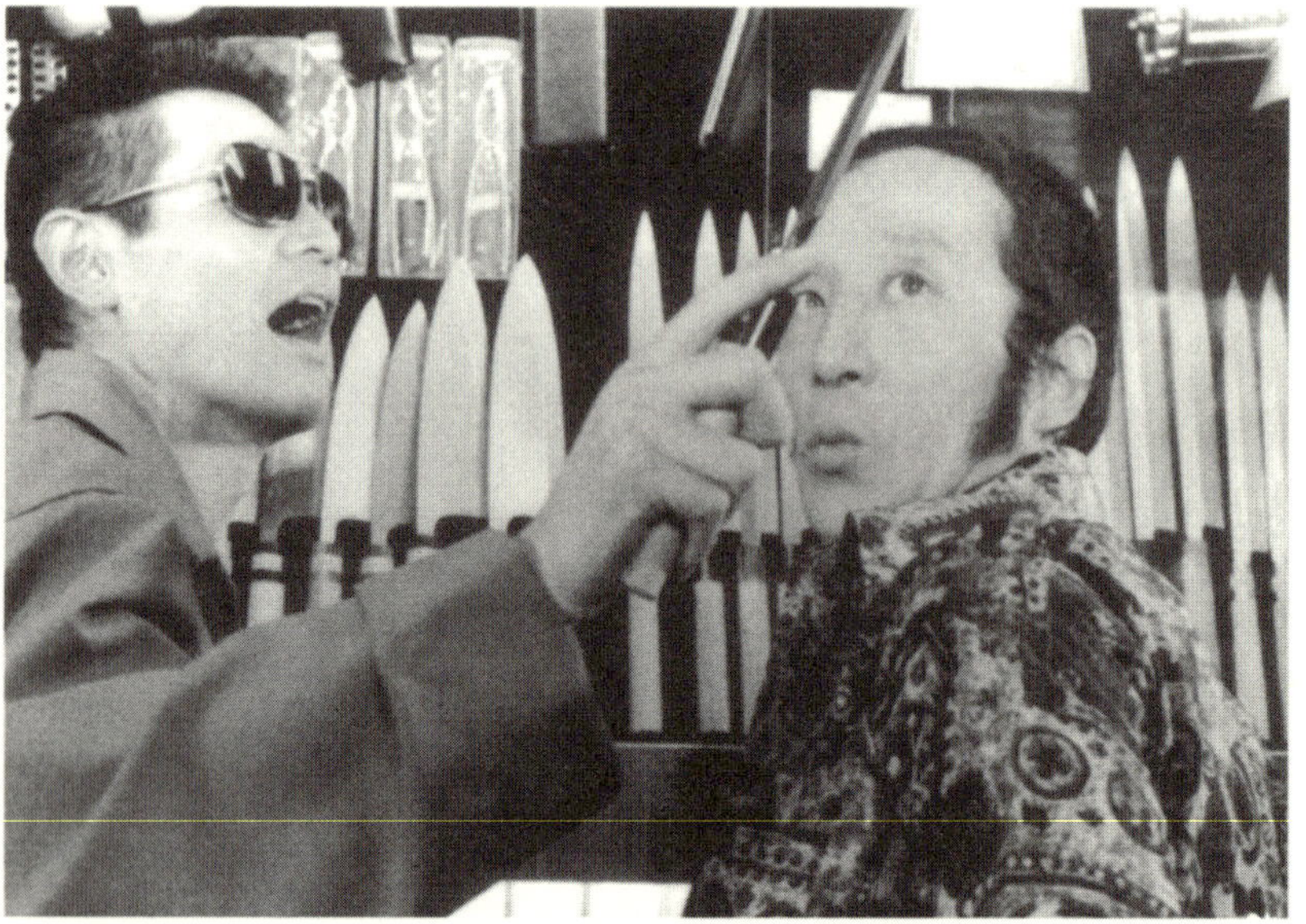

菅原文太　田中邦衛

ば、誰だって『どですかでん』を想起することになるだろう。さらに驚くべきことに、スラムの菅井はそこで、「南無妙法蓮華経」を頻繁に唱えているのだ。『どですかでん』で電車バカの頭師佳孝は、お袋の菅井が唱える法蓮華経をかなりチャカして〝ナンミョー　レンギョー、ナンミョー　レンギョー〟とくだけて復唱していたのを思い出す。もちろん、本作には『どですかでん』のようなほのぼのとした雰囲気はない。ラスト近く、菅井に金をせびりにきた田中は、菅井に後ろから頭をどつかれ、弟も加わってなぶり殺しにされてしまうのだ。田中の「チキショー」という言葉の響きの異様な哀しさ。それを目撃した菅原は、何ともいえない顔で一人死の旅に向かわざるをえないのだ。深作監督は、黒澤明の『酔いどれ天使』などに大きな影響を受けたと明言しているが、本作ほどあからさまにその影響を自身の作品の中に刻印したのは珍しい。影響は影響として認め、それを自身の表現の中で一段と飛躍させえたことで、単純なオマージュなどを超えているのがいかにも深作らしい。

今回の渚まゆみは、『現代やくざ　人斬り与太』よりちょっと精彩がない。菅原の死を見つめても、離れているだけでそこに近寄っていくことはなかった。ラスト、一人でラーメンをすする渚。そこで思わずチャーシューをすくい上げる。このチャーシューは、菅原が彼女のラーメンにかつて加えてやったものだった。このシーンにかぶって、〝この女はその後、狂犬の子供を産んだ〟という字幕が出た。〝狂犬〟の魂は、生き続けるのである。

▼六九年……56点

【戦後最大の賭場】

★

監督：山下耕作　脚本：村尾昭　撮影：山岸長樹
音楽：斎藤一郎
出演：鶴田浩二　高倉健　小山明子　藤田佳子　山本麟一

この作品が異色なのは、ヤクザの組を結集した右翼の連合体とそれに歯向かうヤクザを、真正面から堂々と描いたことだろう。時代は昭和三十七年。安保闘争後の騒然とした社会状況の中で、共産勢力を一掃するため右翼の連合体が出来る。右翼の大物に清水元。連合体の理事長に金子信雄。全国のヤクザ組織が参加して大同団結を目指したのだが、関西理事となっていたある組長が急死したことで、そこの跡目に座った高倉健と別の組の親分・安部徹が、理事の後任をめぐって対立するのが物語の発端である。

非常に珍しい設定と言えるだろう。組の跡目ではなくて、右翼の連合体の理事をめぐって二人の親分が対立する。もっともその理事には当然ながら〝利権〟があり、それを狙う安部のやり方は、一種の縄張り荒らしとも言えるものなのだが、それでも右翼とヤクザとの対立を本作ほど徹底させたのは珍しい。そしてその両者の色合いが見事なほど鮮明にな

安部徹　鶴田浩二　山本麟一

っている点がまた異色であった。

この作品は、前記の高倉健が主演ではない。高倉の兄弟分で、安部の組にいる鶴田浩二が主役であり、だからあくどい安部のやり口に業を煮やした高倉が〝脇役〟然として、金子＝安部側に殺されてしまう。このシーンは明らかに『忠臣蔵』の〝松の廊下〟を彷彿とさせ苦笑を誘う。吉良が金子で、浅野が高倉の役回りであることは言うまでもない。

鶴田の女房に、小山明子が扮している。六〇年代の末といえば、大島渚監督作品での小山が非常に印象深いのだが、本作で小山はしっとりした年増の女に徹している。東映ヤクザ映画に時々出演した彼女の演技は、大島作品での彼女を見慣れているものにとってはいささか不思議な感じがある。ATGと東映ヤクザ映画。佐藤慶、渡辺文雄、小松方正、戸浦六宏といった〝大島組〟の常連俳優たちも、東映ヤクザ映画には数多く出演しているが、この人たちの場合は両者の間でそれほど演技に不自然さはない。しかし、女優の小山明子となると、ATGでの個性豊かな役柄と比べて、東映ヤクザ映画の場合は何故か地に足がついていない感じになる。この異和感は、いったい何なのだろう。

■

▼六九年……59点

【やくざ刑罰史 私刑（リンチ）！】

監督・脚本：石井輝男　脚本：掛札昌裕　撮影：古谷伸
音楽：八木正生
出演：大友柳太朗　菅原文太　林真一郎　石橋蓮司　宮内洋
大木実　藤木孝　片山由美子　林彰太郎　高英男

まあ何とも凶々しいタイトルの作品だが、中身もまた珍妙極まるものであった。冒頭のタイトルロールにまずびっくりさせられる。様々なリンチの場面が、繰り返し繰り返し描かれる。熱いコテを額に当てる、目の玉をくり抜く、生き埋めにする、火だるまにする。こんなシーンが本編に出てくるのか。いったいどんな作品なんだろう。否が応でも期待（？）は高まらざるをえなかったのだが。

不思議なことに、中身はこのタイトルロールの凶々しい映像と全く無関係であった。まさにタイトルロールのための映像。本編にも似たような残虐なシーンはあったが、それでもタイトルロールの圧倒的な凶々しさには及びもつかない。この作品はタイトルロールがすべてである、とは言わないが、本編部分における少し肩透かしを食らったような印象は、いったい何だったのだろうか。

物語は三つに分かれている。江戸時代、明治時代、現代（映画公開時）がそれぞれの時代背景。江戸時代では、菅井一郎が親分の組におけるゴタゴタが描かれる。盗みと間男がご法度のヤクザ社会の中で、これを犯した二人のヤクザがリンチを受ける。ヤクザの一人・菅原文太は目をえぐり出され、もう一人は耳をそがれる。ここの描写は、かなり凄絶だ。明治時代では、所払いになったヤクザ・大木実がリンチにあう。右手を叩きつぶされるのだが、ここは意外に大人しい描写。現代パートでは、ヤクザというよりギャング内のリンチが凄惨に描かれる。ヘリコプターから吊るしたり、顔をライターで焼いたり、素巻きにして海に落としてしまうリンチの数々。

こう書いてくると、確かに本編もなかなかのものなのだが、タイトルロールと比べるとちょっと物足

川谷拓三（中）　菅井一郎（右）

りない。というより、そうしたリンチの描写を裏打ちするドラマ部分が弱いのだ。まことに残念極まる作品と言っていいだろう。ただ、どうしても書いておかなくてはならないシーンがある。それは江戸時代のパート。菅原らをかばって、敢然と菅井側に立ち向かったヤクザ・大友柳太朗の意表をついた行動で、彼は何と最後に自分の眼を自分でくり抜いて菅井に投げつけたのである。あの無骨な大友柳太朗が、よくぞやってくれたと私は拍手を送った。

　現代では、まず作り難い作品であろう。問題が多過ぎ、公序良俗のこの世相の中ではとことん非難を受けること必定の題材だと言っていい。ヤクザ映画の隆盛は、こういう作品までも生み出した。企画は、岡田茂と天尾完次である。

▼六九年……………………61点

【日本女侠伝　侠客芸者】

★

監督：山下耕作　脚本：野上龍雄　撮影：鈴木重平
音楽：木下忠司
出演：藤純子　高倉健　若山富三郎　桜町弘子　三島ゆり子
金子信雄　藤山寛美

シリーズ第一作目。時代は明治初期。石炭で活気に満ちた九州・博多を舞台に、正義感の強い芸者・藤純子の男に賭ける意地と、炭鉱の利権を一手にもぎとろうとする勢力の暗躍が交差して描かれる。藤が好きになる男は、炭鉱の山持ちである一家の大将・高倉健。暗躍する博多商工会議所会頭に金子信雄。高倉の山を傘下に置こうとする金子は、藤にも手を出そうとするが、すんでのところで高倉が現れ、藤を救い出す。高倉の山乗っとりにも失敗した金子は、配下のヤクザにダイナマイトを山に仕掛けさせる。山を守った三人の炭鉱夫の死をきっかけに、前科者だった高倉は刺青もあらわに金子らに復讐の刃を向けるのだった。

　〝侠客芸者〟というおどろおどろしい名称は、本

作の藤純子にふさわしくない。確かに大臣・若山富三郎はじめ、金子らが大勢居並ぶ中で高倉のことを

藤純子

惚れていると藤は明言し、それなら酒を一気に飲んでみろと言い放った金子を見返すべく、大きな盃になみなみと注がれた酒を一息に飲み干したりもする。さらに金子に刃を向けた姉さん芸者・桜町弘子の窮状を見かねて、芸者の〝スト〟を先導するなど、その行動力において抜きん出た芸者なのだが、彼女に〝侠客〟の字は似合わない。あの〝緋牡丹のお竜〟とは似て非なる役柄であるのが、実はこのシリーズの藤純子なのであって、それは〝侠客〟の意味するものとはずいぶん違っている。

　殺陣回りのない〝緋牡丹のお竜〟と言ったらいいだろうか。となるとそこに残るのは、正義感と恋にかける女の意地ということになる。高倉のいいなずけ・土田早苗の登場で、ヤケになった藤がある条件をもとに金子に身を委ねようとするシーンなど、このシリーズの彼女でなくてはありえなかった。ラストは、殴り込みで死した高倉を背に、敢然と口紅をつけて芸者の道を邁進しようとする藤のアップのシーンで終わる。この作品のもう一つの見所が、藤の溌剌とした芸者の舞でもあったのだ。

■

▼七〇年……60点

【日本女侠伝 鉄火芸者】

★

監督：山下耕作　脚本：笠原和夫　撮影：古谷伸
音楽：木下忠司
出演：藤純子　菅原文太　藤山寛美　弓恵子　伴淳三郎
佐々木愛

シリーズ第三作目。大正半ばの東京・深川が舞台。米買占めを企む会社社長の安部徹と、気骨ある米問屋の曽我廼家明蝶が対立する。深川の芸者・藤純子は、形ばかりの旦那・明蝶のために、元貴族院元老の実力者・伴淳三郎に助けを請う。安部側の策略により、明蝶は米蔵の焼き討ちにあったばかりか、明蝶自身も刃に倒れる。怒ったのは、明蝶側の荷の扱いをしている菅原文太。藤純子と因縁の糸に結ばれた菅原だったが、単身、安部を討つべく出かけていくことになる。

藤純子と伴淳三郎

安定した出来栄えの作品である。藤純子引退の二年前の作品だが、まさに任侠映画のローテーションの中で堂々と主演者として立ち振る舞っている風格が藤にはある。ドラマの合い間で演じられる藤の舞がまたいい。〝緋牡丹博徒〟シリーズとは違って、本作での藤はしっとりとした芸者になり切っている。その象徴が舞の数々であり、映画の終局には〝はおり会〟と言われる見せ場も用意されている。なかなかいいなと思ったのは、〝善人側〟の明蝶、伴淳とも、しっかりと藤の肉体を求めていることだ。二人とも、藤の味方になるのだが、当然そこには藤の肉体が大きな目的になっている。明蝶は口で、伴淳は行為でそれを求めるのだが、結局は藤の強い拒絶にあってしまう。伴淳のところでは、その拒絶のために、藤は自身の腕にとがったクシを突き刺すほどの気構えを見せる。まさにこの気構えこそが、タイトルの〝鉄火芸者〟たる由縁なのだと納得できるのである。

■

▼六九年……55点

【関東テキヤ一家】

★

監督：鈴木則文　脚本：村尾昭　撮影：山岸直樹
音楽：菊池俊輔
出演：菅原文太　待田京介　寺島達夫　大木実　嵐寛寿郎　渡辺文雄

東京・浅草に縄張りを持つ一家の〝若いモン〟菅原文太は、親分の嵐寛寿郎からドスに〝封印〟をされ、ケンカ御法度を言い渡される。菅原がからんだ他の一家とのケンカから、嵐が業を煮やしたのだ。その後菅原は親分の言いつけどおり、弟分の待田京介、南利明らとともに群馬の祭に出かける羽目となる。その仕切りをめぐって幾つか騒動が起こり、ついには敵対する一家が東日本一帯の組合組織を作って主導権を握ろうとする。嵐は気転をきかして、味方の別の一家の親分・大木実、桜町弘子(女親分なのだ)らとともにその組織成立を食い止めたのだが……。

物語自体に、特筆すべきところはない。意外性のあるのは、露天商の母娘の娘役となる土田早苗が、菅原文太ではなくて待田京介と仲良くなってしまうことだろう。こんなに初々しかったのかと思わせる土田だが、物語の進行上ではあっさりと菅原を振り切って待田に乗り換えてしまうのだ。しかも待田は、本来なら菅原が行かなくてはならない殴り込みに、

菅原文太　嵐寛寿郎

冒頭の〝封印〟を理由に自分が行ってしまう。待田、そして嵐とお定まりの死への復讐として、ついに菅原はドスの〝封印〟を解くのだが、残念ながら土田の出番はそれ以降見られなくなってしまった。

　土田と待田をくっつけてしまうのは、だからちょっと御都合主義に過ぎる気がした。二人をくっつけるのなら、もっと三角関係としての菅原の役割をそこで膨らませていくべきだろう。菅原の土田に対する純情が、後半全く影をひそめてしまうのが残念だった。物語の大筋である、敵対する他の一家の親分衆、河津清三郎、天津敏、渡辺文雄らとのいさかいと、菅原、待田、土田の三角関係がうまくかみ合わない難しさを感じた。テキヤ一家の若い衆を主人公とする、従来の任侠映画とは一味違った狙いを織り込んでいるのはわかるのだが、このシリーズ、スタートからかなり厳しい出来栄えのように見えた。

　ただラストシーン近くで不思議な描写があった。あまりに都合良く、河津ら敵方の〝首脳陣〟が揃っている中、菅原、そして大木、桜町さえもが殴り込んでいくのだが、敵方の一人、渡辺文雄が殺される背景に日の丸を形作ったポスターが、数多く貼り付

けられていたのだ。鈴木則文の演出は、その日の丸を強調し、渡辺が殺《や》られるときに血のりを大量にそこにぶっかけていた。日の丸と渡辺文雄。この結びつきは、明らかに大島渚監督の『少年』を想起させるものであり、何らかの意図があって鈴木則文は〝それ〟を示したかったのだろう。

因みにうがった見方をするなら、テキヤ一家の若衆という菅原の設定は、この作品の二年前にスタートした『男はつらいよ』シリーズを意識していた気もする。東映調の『男はつらいよ』を目指したと言ったらいいか。それなら、マドンナ・土田早苗にフラれる菅原という設定は、わからないこともないのだが。

■

▼七〇年……53点

【関東テキヤ一家 喧嘩仁義（ごろめんつう）】★

監督・脚本：鈴木則文　脚本：村尾昭　志村正浩
撮影：増田敏雄　音楽：菊池俊輔
出演：菅原文太　葉山良二　桜町弘子　天津敏　南利明　梅宮辰夫　長門勇　加藤嘉

菅原文太がテキヤの若衆に扮するシリーズの第二作目。弟分・南利明とともに大阪にやってきた関東テキヤ一家の菅原は、以前世話になったこともある加藤嘉親分の一家に居を構える。天王寺近くの市を仕切る一家だが、岡山を本拠地とする別のテキヤ一家がこの縄張りに進出してくる。こちらの親分が天津敏。暴力団の今井健二らを使って、加藤一家のシマを荒らし回る。ここに現れるのが、岡山のテキヤ一家親分・長門勇。岡山の西大寺・裸祭を牛耳る顔役だが、天津らの狙いは、実はこの西大寺の利権だった。

長門勇がいい味を出している。おはこの〝おえりゃあせんのお〟を南利明に言われ、〝なまってる〟と笑わせる呼吸も絶妙。テキヤの啖呵《たんか》も滑らかで、菅原の幾分固苦しい言い回しと好対照。どっしりとした存在感が、テキヤの重鎮らしい風格を出している。

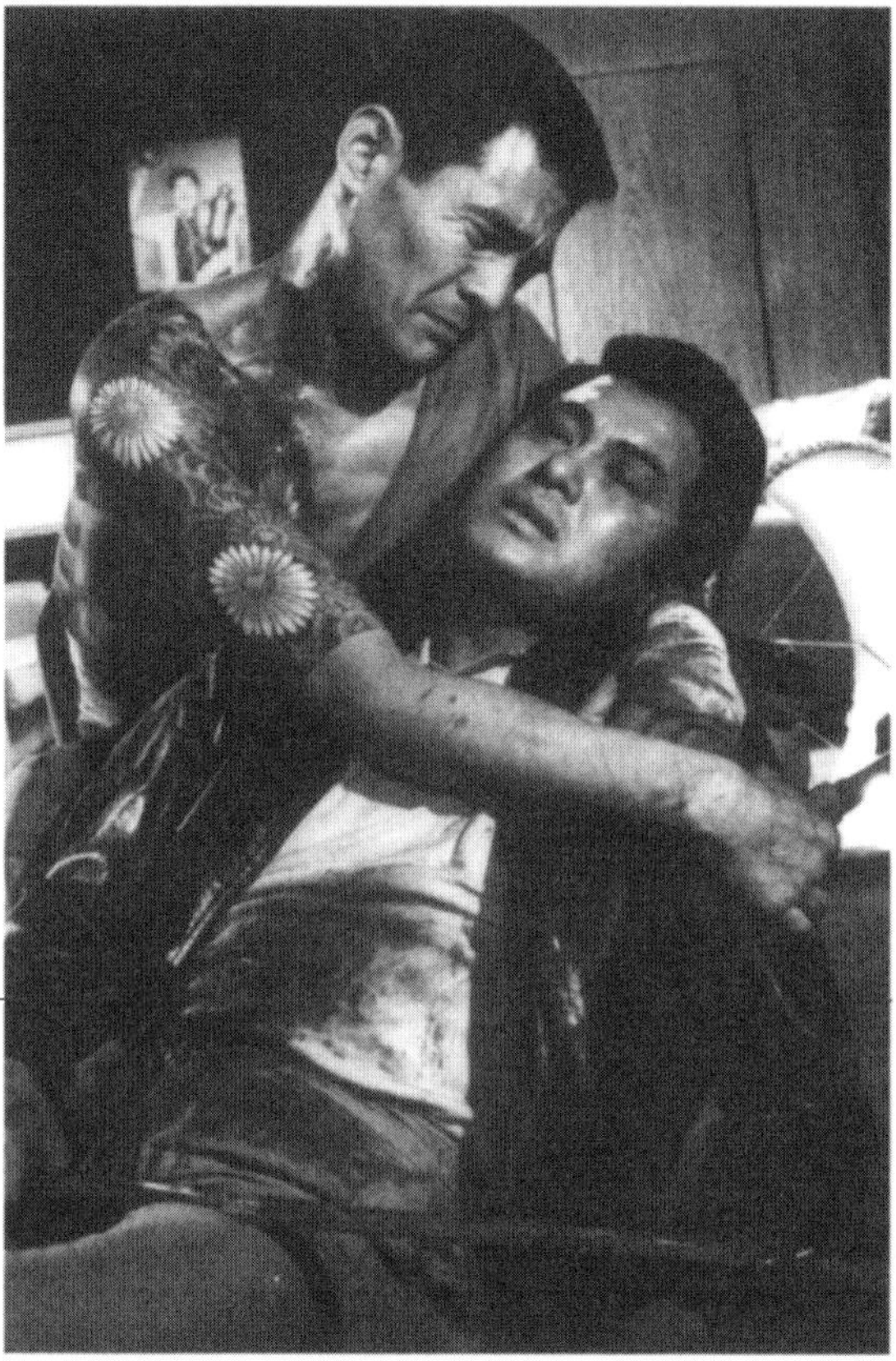
菅原文太と梅宮辰夫

他では、憎々しいほどのワルぶりが堂に入っている今井健二が相変わらずいい。南利明はもちろん名古屋弁だが、トルコ(!)で若水ヤエ子扮する女が相手になるシーンはちょっぴり笑える。

ただ全体の印象では、『現代やくざ　人斬り与太』以前の菅原文太主演作品として、やはり異和感が残る出来具合だと言っていい。ラスト、出入りが終わった後、血まみれで歩いていく菅原のアップが出るのだが、残念ながらヒーローとしての顔ではないのだ。悪相とは言わないまでも、正義をしょって悪をくじく、ヒーロー顔とは程遠い。菅原文太は、鶴田浩二、高倉健とは、俳優の資質が全く違っているのがラストのシーンから痛いほどわかる作品なのである。因みにヒロインは桜町弘子。監督の鈴木則文は、この桜町ともう一人の女性に、かなり執拗にいたぶる演出を施しているのが目を引く。

▼六九年……55点

【渡世人列伝】

監督：小沢茂弘　脚本：鳥居元宏　志村正浩　撮影：吉田貞次
音楽：津島利章
出演：鶴田浩二　若山富三郎　木暮実千代　大木実　小池朝雄
藤純子　高倉健　池部良　天津敏　名和宏

オールスター任侠映画である。六九年作品であるから、任侠映画の路線があらかた登場した時期に作られた。故に、様々な路線のテイストが混じり合っている作品とも言える。任侠映画路線の一つの終局を司る意味合いもここにはあり、非常に不思議な味わいを放つ仕上がりになっていた。

時代は明治。ある一家に世話になっていた客人・池部良は、その親分の命ずるままに殺しを引き受ける。やられたのはその一家の親分・遠藤辰雄の兄弟分である内田朝雄。内田は別の一家を構えていたが、子分たちは池部が郡山に逃げたために復讐を果たせない。そこに刑務所から帰ってきたのが内田一家の

汐路章　　高倉健

鶴田浩二。内田一家を乗っ取ろうと画策している遠藤が、何事もなかったかのように、内田の跡目に鶴田の弟分である大木実を推薦する。

これを納得した鶴田は旅に出る。芸者・藤純子を振り切って鶴田は、何と内田の復讐を果たすべく池部を探しに行ったのである。池部には雄呂血の刺青が彫ってあった。これが目安である。郡山の近くの鉱山に入り込んだ鶴田は、そこで悪辣な炭鉱夫虐待を見る。そこの元締めは、天津敏だ。結局、そこで池部を見つけることになるのだが、肺を病んだ池部を鶴田はもはや殺す気にならなくなっている。一方、浅草では遠藤の地金が出てきて、大木の跡目さえ認めず、一家を牛耳ろうとして大木を斬殺してしまう。遠藤側には何故か悪辣極まる天津敏も加わっていて、浅草に帰った鶴田は単身遠藤一家に乗り込もうとするのだった。

今述べた物語の中で、重要な役者が抜けていた。高倉健である。高倉は池部と兄弟分。同じく雄呂血の彫り物がしてあり、鶴田の単身乗り込みに『昭和残侠伝』の池部良よろしく、同道する役回りである。面白いのはまさにその一点で、この『渡世人列伝』は、『昭和残侠伝』の世界に鶴田浩二が加わることで、高倉健と池部の役回りがズレていく。池部といえば、一緒に逃げてきた藤の妹分・水野久美、そして鶴田と高倉の三人に見とられながら死んでいく役回りで、まさにさもありなんという〝ズレ方〟であった。

もう一つの見所は、悪辣炭鉱主の天津敏とその一派。天津の風貌は、ツルっぱげで顔の半分が焼けただれた異様なもの。この人のアップが一箇所あったが、恐ろしいまでの迫力で本作中のハイライト場面。天津の子分が汐路章はじめ全員ツルっぱげで、これも充分面白かった。小沢茂弘監督の傑作『博徒七人』を思い出させる異様さだった。

▼七一年……83点

★

【博徒外人部隊】

監督：深作欣二　脚本：神波史男　松田寛夫
撮影：仲沢半次郎　音楽：山下毅雄
出演：鶴田浩二　安藤昇　若山富三郎　工藤明子　室田日出男　由利徹

冒頭シーンが、素晴らしい。刑務所からサングラスをかけて出てきたヤクザの元組員・鶴田浩二は、二人の元子分・小池朝雄と室田日出男に出迎えられる。ヤクザ同士の抗争事件で組は解散し、仲間は散りぢりバラバラになっている。鶴田は、もう一旗《ひとはた》上げようと何かを企んでいるらしい。そこでかつての仲間が集められる。ラーメン屋につとめる渡瀬恒彦、女房子供を抱えている由利徹、ピンクチラシを貼っている曽根晴美らが、今は廃墟となっている組事務所に集まってくる。

深作演出は、こうした導入部を描いてくのに、スナップ風な静止画面を多用して切れ味鋭い映像展開を進めていく。緩急自在で手際のいい演出は他の監督には見られないものであり、その導入部だけで観る者は血わき肉踊ること必定である。それは演出のツボというより、監督の生理的なもののようにも感じられ、そのアクセントのきいた導入部は、その後の『現代やくざ　人斬り与太』や『仁義なき戦い』シリーズに引き継がれていくことになるだろう。

鶴田が企んだのは、沖縄に自身のシマを作ることだ。終戦直後の本土のような、まだまだ〝未開の〟土地が沖縄だというとんでもない理由からなのだが、こちらも以前の抗争で不遇をかこった他の組の安藤昇も加わって沖縄制覇が始まる。タクシーの中から沖縄の港を見た室田が、「昔のハマと同じだぜ」。他の連中も沖縄の街並を意気揚々とした面持《おももち》で眺めていくのも束の間、那覇の勢力図が冒頭シーンと同じく、手際のいい演出で明かされていく。まあこれ以降は、お定まりの縄張りをめぐるいざこざが続いていくのだが、中で面白かったのは、コザの親分・若山富三郎がこの抗争に加わってくるところだ。

一つの組をぶっつぶした鶴田らに、愚連隊の今井健二らがかみつく。これを後押ししているのが若山

小池朝雄　鶴田浩二　安藤昇　室田日出男

で、もの凄い面構えで鶴田らに立ち向かうものの、人質にされた今井があっさり解放されたあたりから、若山は鶴田に仲間意識のようなものを感じ出す。那覇の抗争に、コザのヤクザが入ってきて、そのヤクザが「本土を食いつめてきた」鶴田らと心を通い合わせるのが非常に面白い。そしてついに、本土から先の抗争で鶴田らの組を解散させた内田朝雄親分の別の組が沖縄にやってくるのだった。

鶴田は絶えず、黒のサングラスをしている。これは同じ深作の『誇り高き挑戦』（六二年）にも見られた鶴田のスタイルであり、背広ヤクザの鶴田に得も言えぬ〝風格〟を与えている。しかし映画の中で一度だけサングラスをとるシーンがある。それはかつて別れた女とそっくりな娼婦・工藤明子と沖縄の曲が流れている中、ベッドに入っているシーン。「何て歌ってるんだろう」と鶴田。「女の下の口は、ものが言えない。言えば、いっぱい言いたいことがあるっていう歌よ」と工藤。この後、鶴田は何気ない仕種でサングラスをかけるのだ。

ラストシーンにも触れないわけにはいかない。鶴田、安藤、小池、室田が、内田はじめ幹部・中丸忠雄らが大挙している港に殴り込んでいく。ここからのカメラ（仲沢半次郎）が天下一品。斜めに動いたり、猛スピードで突っ切ったり、抗争の当事者の動きとともにカメラもまた移動していくといった趣。この両者の〝運動〟は、それまでのヤクザ映画には見られない斬新さがあった。もちろんこの〝手法〟は、数年後の実録路線に継承されていくことになる。文句なし、言ってみれば非常に〝奇形的〟な面白さを持った作品と言えよう。

■

【女渡世人】

▼七一年……………………68点

★

監督：小沢茂弘　脚本：本田達男　撮影：古谷伸
音楽：渡辺岳夫
出演：藤純子　鶴田浩二　木暮実千代　芦屋雁之助　夏川静江
北村英三　遠藤辰雄

冒頭、藤純子の後ろ姿にドキリとする。黒髪をアップにし、うなじにはほつれ毛が乱れている。監督の小沢茂弘はこのファーストシーンを持ってくることで、女渡世人という藤純子の魅力を、まさにこのうなじのエロチシズムに凝縮させたかったのだろう。つまり本作は、徹底して藤純子の魅力を見せることに主眼が置かれているのだ。

彼女が一本立ちした『緋牡丹博徒』（監督・山下耕作）から三年後に作られたのが、この『女渡世人』。彼女の色香が、まさに奇跡とでも言っていい輝きを身にまとって画面にほとばしっている。七一年という時代に、世界中でどのような女優が活躍していようとも、藤純子は世界最高峰の女優の位置にいたのではないか。そう思わせる美しさの凄みが、本作の彼女の姿態にはあった。

大柄な割には柔らかそうな肉づき。といって肉感的というのではない。顔の表情が崩れる時、相応の年齢も感じさせるのだが、その肉づきの収縮具合も、熟れたリンゴのあの芳醇な状態を想起させる。チンピラに囲まれて窮地に陥った時、助っ人に入った鶴田浩二に見せるほつれ髪を直すしぐさ。殺陣回りから一転、女の地を出す描写の転回が鮮やかだ。

脚本家の笠原和夫は、自著『破滅の美学　ヤクザ映画への鎮魂歌』の中で、ヤクザ映画は結局は女のヤクザ、つまり藤純子の主演作品にとどめを刺すと言っている。男たちの組織的力学や、そこから生まれる男たちの無様な生き方やギリギリの生《なま》の形を脚本にしてきた笠原の発言だけに、その指摘はかなり重要な意味を持つ。

ラストシーンも、まさに予感したとおり、藤純子の後ろ姿で終わった。ここで気になることが一つ。藤純子は劇中、白を基調にした着物を多く着ていたが、腰のラインは全く異和感がないほど滑らかだった。つまり、彼女はパンティ（！）をはいていなかったように見えたのだ。現実には、かなり苦労して下着の類をまとっていたのかもしれないが、〝ように見えた〟というのが特に大事。観客は、そこで想像力をたくましくすることができ、見えている彼女の色香とともに、見えていない部分でも、存分に感応することができるわけだ。果たして、藤純子はパンティをはいていたのかどうか。私は冗談を言っているのではない。

藤純子と鶴田浩二

▼七一年……53点

【懲役太郎　まむしの兄弟】

★

監督：中島貞夫　脚本：高田宏治
撮影：赤塚滋　音楽：菊池俊輔
出演：菅原文太　川地民夫　佐藤友美　女屋実和子　安藤昇
葉山良二　天津敏

菅原文太主演によるシリーズの第一作目。菅原は、それ以前に自身の主演作として『現代やくざ　与太者の掟』（六九年）や『関東テキヤ一家』（六九年）などに出ており、いよいよ本作製作の七一年の時点あたりで彼の活躍がフル稼働し始める。ただし、菅原がそれまでの任侠映画の枠組みを大きく突き崩すまでには、七二年の『現代やくざ　人斬り与太』まで待つ必要がある。六九～七一年の彼の主演作は、雛が卵の殻を中からチョロチョロつついている感じ。殻を打ち破るまでには到っていなかったと言っていいだろう。

川地民夫　菅原文太　佐藤友美

刑務所から出てきたチンピラ・菅原文太は、弟分の川地民夫とともに神戸の街に繰り出す。二つの組の対立に、一つの組の上部組織がからむ。縄張りが狭いと言って、対立している組をつぶそうとするのが、天津敏を親分とした組。対立している組は、代貸・葉山良二がふんばって何とかこれをしのいでいる。菅原と川地は、葉山の組が仕切る賭場でトラブルを起こし、叩き出されるが、何度も仕返しに行く。このしつこさが〝まむしの兄弟〟たる由縁。天津の組の上部組織の二代目候補・安藤昇が、二つの組の対立を解消させようとするが、ついに天津側は葉山をトラックで轢き殺してしまう。その場にいた屋台の女の子もケガをしたため、彼女と関わりのある菅原は怒りを爆発させるのである。以上の物語から分かるように、菅原＝川地とヤクザとの争いの描き方がちょっと弱い。これは二人が、組うちに入らないことが大きいと思う。つまり絶えず部外者である二人は、根本的なところでチンピラの域を出ることがない。さらに二人の縄張り荒しというかしのぎのやり方が、かなり幼稚っぽいために、組織と決定的な対立になることがないのだ。コミカルな映画の作りが、『極道』シリーズなどとともに任侠映画のアンチ・テーゼにはなっているのだが、それは任侠映画の強固な枠組みを崩すことはなかった。

■

▼七一年……51点

【傷だらけの人生】

監督：小沢茂弘　脚本：村尾昭　撮影：吉田貞次
音楽：渡辺宙明
出演：鶴田浩二　若山富三郎　工藤明子　天津敏　遠藤辰雄

鶴田浩二のヒット曲タイトルを冠した作品。「古い奴だとお思いでしょうが」のセリフから始まるこの有名な歌のままに、まさに真っ暗闇の鶴田の〝人生〟が描かれる。ただ製作・公開の七一年という時代に注目してみると、ことはそんなに簡単ではない。ヒット曲にあやかってみたものの、それは任侠映画のマンネリ化を崩すことができるわけもなく、変格歌謡映画の枠に収まってしまったと言っていいのだ。

舞台は大正期の大阪。ある一家の親分が病死してしまったことから、例によって跡目の問題が起こる。親戚の叔父貴筋にあたる遠藤辰雄系列と石山健二郎系列の二つの組に勢力が分かれる。遠藤側に親分に決まった天津敏。石山側に若山富三郎と鶴田浩二。天津は先代の夫人にちょっかいを出したことから若

鶴田浩二　遠藤辰雄

山に刺されて失脚。若山も刑務所に入り、真の対立は徐々に遠藤と鶴田の二大勢力になっていくという物語。

　ちょっと目新しいのは、遠藤と鶴田の間に肉親の因果話をからめたことだろう。故に遠藤は、鶴田にとって単純な敵ではなく、かなり複雑な思いの中で二人の対立が進むことになるのである。しかし、残念ながらちょっとした目新しさは劇の彩りに過ぎなかった。肉親の情が、鶴田の中で大きなうねりとして昇華していくことはなく、遠藤はいつもどおりの悪役でしかなかった。脚本にもう少し書き込みがあれば、変格歌謡映画の枠を超え、新しい任侠映画の芽が出たのにと惜しまれる。

　一つ残念なことがあった。鶴田の女房に工藤明子、若山の女房に北林早苗が扮しているが、あまりの生彩のなさにがく然とした。それと他でもかなり重要な役で出ていた無名女優たちが、揃いも揃って全くデクノボー化していた。任侠映画の後期になるほど、女優陣がふがいなくなっていくということなのだろうか。その中で一人輝いていたのが、藤純子と言ってしまうと身も蓋もないのだが。

▼七一年……62点

【博徒斬り込み隊】

★

監督・脚本：佐藤純彌　脚本：石松愛弘　撮影：飯村雅彦
音楽：日暮雅信
出演：鶴田浩二　若山富三郎　渡辺文雄　工藤明子　丹波哲郎

佐藤純彌という監督はヤクザ映画を演出する時、何故警察側にああまで感情移入するのだろうか。『組織暴力』と『続組織暴力』で、刑事主任の丹波哲郎にヤクザ撲滅の先兵の役を与えたが、本作ではその丹波は警視正に昇進（もちろんに前二作と因果関係はない）。上司のお伺いを立てることなく、今回も徹底してヤクザに対抗していく。

面白いのは今回、若山富三郎が地方の警部補として配役されていることだ。若山が最初に登場するシーンは圧巻だ。ある組に入ってきた若山は、角刈りの頭と凄みのある口調でちょっとしたいざこざに介入する。その時の若山の目の動きと立ち居振舞いの

若山富三郎　　鶴田浩二

【博徒斬り込み隊】


ど迫力ぶりが絶品。その時点では、観客は誰もがヤクザの一人として若山を把握するのだが、何とドラマが進んでいくうちに警部補だとわかってくる。

　丹波のように、ヤクザの撲滅をストレートに画策することはないが、それでも警部補の意地はしっかり持っている。そんな警部補を、若山は味わい深く演じている。本庁の丹波に、逮捕を命じられた一匹狼・鶴田浩二の罷免を願うシーン。意外にあっさり引き下がるのだが、このあたりのやりとりに若山の警部補としての意地がにじみ出ている。

　映画は、ある組の組長の葬儀をどこの組が取り仕切るかが、大きな見せ場となる。関東と東北の組が、同じく東北のある組をめぐって丁丁発止を繰り広げる。ここでもその動向を把握して、ヤクザ撲滅を意図しているのが本庁の警視正の丹波。三つ巴の銃乱射の後、一人勝ち誇った丹波だったが。ヒーロー劇になりえない、というよりヒーロー劇の空しさを前面に出した佐藤純彌の異色ヤクザ映画である。

■

▼七二年……………55点

【純子引退記念映画 関東緋桜一家】★

監督：マキノ雅弘　脚本：笠原和夫　撮影：わし尾元也
音楽：木下忠司
出演：藤純子　鶴田浩二　高倉健　菅原文太　若山富三郎　片岡千恵蔵

　タイトルに〝純子引退記念映画〟と入っているなんて、前代未聞のことだろう。それほど、藤純子の人気は当時高かったし、その引退が惜しまれたということだろう。明治期の柳橋が舞台。藤純子は、殺されたトビ職親方の父親・水島道太郎の後を継ぐ。敵対するヤクザが、遠藤辰雄、天津敏らの一家だ。藤純子は今回、緋牡丹のお竜のような派手な役回りでもなく、お竜以前の男に思いを寄せる可憐な役柄でもない。いってみれば本作の藤は、鉄火肌と可憐さの双方をバランス良く併せ持ったトビの女。〝引退記

【純子引退記念映画　関東緋桜一家】

高倉健　藤純子　鶴田浩二

念映画〟として、考えぬかれた役柄だと言っていい。

もちろんこの作品は、稀にみるオールスター映画である。高倉健、鶴田浩二、菅原文太、若山富三郎、藤山寛美、片岡千恵蔵。高倉と鶴田の役柄のバランスも、ラストでうまくもちこたえている。菅原、若山の出番が少し寂しいきらいはあるが、その分藤山、そして御大・片岡が存分にその存在をアピールする。悪役がちょっと弱いか。安部徹のあの憎々しい顔がほしかった。

私はこの作品を、封切りで観ている。七二年二月、大阪の梅田東映でオールナイト上映時に観た。大学受験で何故か関西方面に来ており、ここで初めてこの藤純子主演作品を観た。ラストで藤が「お世話になりました」と登場人物たちに言うシーンがあるのだが、ここで場内から盛大な拍手が起きたのを記憶している。まさに観客に向けて〝お世話になりました〟といったふうに感じられるシーンであり、これを当たり前のように梅田東映の観客たちは受けとっていたのである。決して優れた作品ではない。しかし、〝引退記念映画〟故に、そんなことは問題ではないという趣が映画館内にあった。私はずいぶん安

【純子引退記念映画　関東緋桜一家】

直な図だなと、その時は舌打ちをしていたが、今考えれば、数年間にわたってスクリーンで輝き続けた藤純子に対する観客たちの精一杯の感謝の気持ちだったのだろう。おそらくその時、何かが終わりを告げた。任侠映画から実録路線の狭間に、この『関東緋桜一家』があるというのが私の考えだ。オールスター映画という東映作品の大きな持ち味も、ここで終焉を迎えたと思う。時代の転換期でもあった七二年。映画でいえばその中心点に、藤純子の引退があったのではないか。

もちろん私は受験に失敗し、その年東京に出て浪人の身の上になるのだが。

■

▼七二年……58点

【日本暴力団　殺しの盃】

監督：降旗康男　脚本：笠原和夫　撮影：赤塚滋
音楽：山下毅雄
出演：鶴田浩二　丹波哲郎　工藤明子　長門裕之　山本麟一
待田京介

任侠映画、実録路線には主演級のスターとともに、数多くの脇役俳優が出演していて、彼らの様々にバリエーションが違った役柄を見るのも一つの楽しみと言える。本作では、コワモテを絵に書いたようなあの山本麟一が、かなり大きな役を演じていてちょっと目を見張らせられる。山本は、一匹狼の鶴田浩二が立ち寄ることになる大阪のある一家の若頭。その若親分が丹波哲郎で、先代はすでに引退同然。この先代に、山本は可愛がられていたという設定だ。

ルーティンどおり、総会屋・待田京介を先兵として、別の組がシマ荒らしをやらかす。このあたりから、鶴田と山本の確執が始まる。鶴田は例によって冷静沈着、山本は仕返しを主張。その時の山本の暴れぶりが、いかにも山本らしいのだ。一度は収まった山本だったが、先代が殺されてさらに火がついた。

鶴田の意を尊重する丹波は、山本を破門にしようとするが、ここでも山本の勢いは止まらず、何と丹波にドスを向けようとさえするのだ。怒った丹波は、日本刀でぶった斬ろうとするが、鶴田の仲裁で事なきをえる。しかし、鶴田、山本の遺恨は続き、最後に悲劇的な末路を迎えることになる。

　脚本は笠原和夫だから、あの『博奕打ち　総長賭博』での鶴田と若山の関係を、ここでちょっと彷彿《ほうふつ》とさせる。止める鶴田と突っ走る若山、山本。しかし、本作での山本は、これはかなり若山と俳優の資質が違うために、本来そこにあるべき精神的な奥深さを漂わせることができない。これはいい、悪いではなく、山本の俳優としての資質がそういうものであるということなのだ。藤純子にひたすら思いを寄せる純情さを見せた『緋牡丹博徒』での演技とともに、本作での山本も彼の代表作と言ってさしつかえないと思う。

　付け加えておくなら、鶴田の相手役に工藤明子という女優が扮している。サイケ調（！）のファッションに身を固め、刺青の背中を見せたりもするが、何ともチグハグな感じが逆に面白い。七二年という

山本麟一　　丹波哲郎　　鶴田浩二

製作時を考えてみると、当時の新しい女性像を登場させようとしたとも考えられるのだが、鶴田と全くミスマッチなのが結構笑えたりするのだ。これも付け加えておくなら、山下毅雄の音楽が絶妙な雰囲気作りで出色である。

■

▼七二年……60点

【女番長（スケバン）ゲリラ】

★

監督：鈴木則文　脚本：皆川隆之　鈴木則文　撮影：赤塚滋
出演：杉本美樹　丘ナオミ　女屋実和子　田中小実昌　三原葉子
池玲子

杉本美樹と池玲子のスケバン映画であるが、意外や小じんまりとした出来栄えの作品になっている。京都へやってきた杉本らのグループと地元グループとの勢力争い。これに地元ヤクザがからむ。池玲子は、京都グループの姉御的存在。京都の河原で杉本と池の大殺陣回りもあるが、あっさりと仲良くなってしまうのが、可愛いと言えば可愛い。

メインの作品ではなく、あくまでも添え物的作品だから俳優の布陣もふるっている。池の兄貴でヤクザの幹部になっているのが林彰太郎。この人の目つきの悪さは、東映の脇役陣でも天下一品なのだが、今回ばかりは妹をかばい続ける結構〝いい人〟っぽい役。杉本の恋人役となるのが成瀬正孝。こちらもコワモテ風のあの成瀬ではなく、堂々たる二枚目役。杉本のほうが成瀬を追っかけるのだから、まさに俳優冥利というものだろう。

びっくりするのが成瀬の幼友達で、歌手のあがた森魚が本名で登場していることだ。成瀬はボクサー、あがたは歌手と選んだ道は違っているのだが、いつ出るかと思っていたあがたの『赤色エレジー』は、成瀬が殺された後、海辺で〝レコード〟のまんまの曲調で流れる。スケバンと『赤色エレジー』。結び

【女番長（スケバン）ゲリラ】

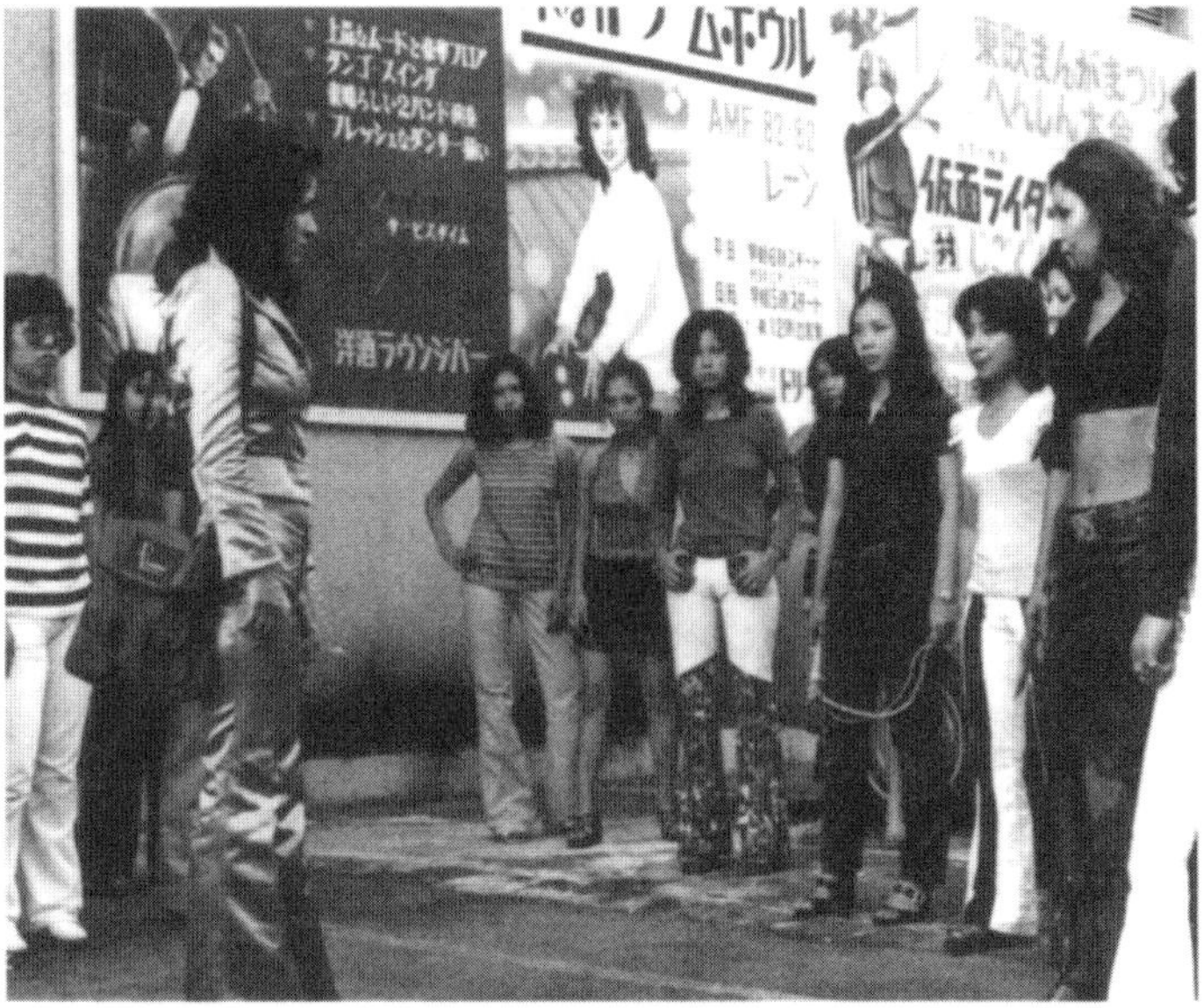

池玲子（左）　　杉本美樹（中）

つきは全くないが、歌に出てくる「一郎と幸子」の名前が、御都合主義的に成瀬と杉本につけられていた。

　内容がいささか小じんまりとしたのは、『赤色エレジー』に象徴される情緒性が、全編を覆っているように感じられたからだろう。しのぎに精を出してヤクザと対立するスケバン版『８９３愚連隊』かとも思われたが、冒頭で杉本が刺青が入った胸をあらわにした破天荒さが、みるみる停滞していったのは残念だった。

　今は亡き作家の田中小実昌が、スケベな親父の役でスケバンの一人とセックスシーンを一生懸命こなしている。この頃の田中さん、そういえばよく東映の〝お色気もの〟に登場していた。それと、やっぱり丘ナオミは丸坊主になっていた（ほとんどの人が何の意味かわからないだろうが）。『女番長』シリーズの第三作目である。

②『仁義なき戦い』以後

▼七三年……93点

【仁義なき戦い】

★

監督：深作欣二　脚本：笠原和夫
撮影：吉田貞次　音楽：津島利章
出演：菅原文太　梅宮辰夫　金子信雄　松方弘樹　田中邦衛
渡瀬恒彦　伊吹吾郎　名和広　中村英子　高宮敬二

まさに日本映画史上に燦然と輝く傑作と言っていい。個人的には、黒澤明監督の『七人の侍』にも匹敵するくらい、日本映画にとって重要な作品だと思う。舞台は、終戦直後の広島県呉。冒頭のマーケットのシーンは日本映画史上、永遠に語り継がれることになるだろう。このシーンで、復員兵でもある広能昌三・菅原文太が新興の山守組に接近していく過程が描かれる。大島渚監督が、自著『同時代作家の発見』の中で指摘しているように、冒頭シーンで主要登場人物各々につけられる字幕（〃のちの山守組幹部〃といった）がとにかく効果的だ。ストップモーションになって、画面下方に入ってくるのだが、

高宮敬二　金子信雄　梅宮辰夫　曽根晴美　菅原文太　田中邦衛

人間たちの荒々しい動きとそれを追うカメラといった映像の流れの中で、ストップモーションと字幕は、見事なアクセントの役割を示す。観ている側は、その変幻自在なリズムに映画の躍動感を見出すのだ。

笠原和夫脚本のポイントは、ヤクザ組織の生成と分裂を、組織論的ドラマとして提示することにあっただろう。若頭の松方弘樹が、山守親分の金子信雄に言う有名なセリフ、「所詮、あんたは俺らの神輿《みこし》じゃないの」に象徴される組織のからくりと、それによって命を落としていく組員へ思いを馳せる菅原文太の深い悔恨。それらをめぐる人間同士の駆け引きや抗争が、一つのダイナミックな運動と化す。語の正確な意味での混沌が、まさに無方向に放射されていくのが、この作品の真骨頂であると言っていい。

『七人の侍』が、非常に明晰な劇構造を持っているとするなら、この『仁義なき戦い』は、非常に複雑な劇構造を持っていて、これこそが『仁義なき戦い』の大きな魅力であると言える。たとえば冒頭シーンで、後に山守組に入る松方弘樹、田中邦衛、曽根晴美らが登場するかと思えば、その当時、呉の闇市を牛耳っていた土居組の名和広、梅宮辰夫らも描かれ、よくわからない素性の伊吹吾郎は、梅宮に腕を叩っ斬られる。復員兵の菅原文太は、荒れ狂うチンピラ・岩尾正隆を、松方らの代わりとなって射殺する。このあたり、言葉で説明すればわかりやすいのだが、演出の主眼が〝描写のエネルギー〟を大きく引き出すことに絞られているため、映画を観る側はどうしても物語の道筋より、その〝エネルギー〟そのもののほうに目がいってしまうことになる。

菅原はこの後、刑務所に行くことになり、数年後出所するや、金子信雄はじめ松方らに出迎えられるのだが、ここにも土居組・名和広が現れていて、その因果関係がちょっと複雑なのだ。そしてそれ以前には、刑務所で菅原は土居組の若頭・梅宮辰夫と兄弟盃を交わしており（だから、名和が菅原の出所の場にいるのだが）、まことに複雑怪奇な〝人間関係〟が同時進行で動いていく。このあたり、一回観ただけでは、まず理解不可能だろう。

ではその後、物語は平板化していくかというとそんなことはなく、それ以降でもかなり入り組んだ〝抗争関係〟が繰り広げられていく。山守組発足の見届け人・内田朝雄の身内に先の伊吹吾郎がおり、菅原と伊吹のいさかいで山守・金子は、内田の策略にまんまと乗せられることになる。そしてさらに、土居・名和が推す政治家を拉致《らち》した松方は旅に出て、怒った名和が菅原のところに押しかけるが、そこには梅宮がいて名和を押し止める。これらの物語展開が、かなりの速度で進められていくので、観る側は物語の咀嚼《そしゃく》の手前で逡巡しつつ、映像のリズムそのものに乗せられてしまうわけだ。

『仁義なき戦い』は、映像と物語の力学が非常に複雑でしかもパワフルである。『仁義なき戦い』以前、こうした作品は日本映画になかった。物語展開の組み方が複雑な理由を一つ考えてみると、何かことが起こるとすぐ誰かが旅に出てしまうことが挙げられると思う。前述した松方の他、菅原に到っては広島や松山に〝いつの間にか〟いる。この誰かが不在という事態は『仁義なき戦い』にあっては作劇上の大きなポイントであろう。ただ不在、実在の因果関係が一回観ただけでは理解できないのだ。

登場人物の〝人間関係〟が入り乱れているところも、物語の複雑化につながっている。政治家を拉致した松方についていた川地民夫は、名和らにリンチ

菅原文太

をされて寝返るが、それを知りつつ菅原は、名和を殺害した後も川地の言い草を信用してしまう。川地が金子に言い含められていたのも複雑で、実に不思議な〝人間関係〟が形成されているのだ。名和を殺《や》る算段を菅原と金子、梅宮らがしている時、女房に子供が生まれると泣いて家に帰ってしまった田中邦衛は、中盤全く姿が見えないと思っていたら松方側についており、それが終盤では金子の手先になっていた。

本当に一筋縄ではいかない物語展開であり、それは菅原対金子という大きな物語の基軸以上に興味深い映画の在り方であった。『仁義なき戦い』の真の面白さは、映像と物語が織りなす複雑極まりない力学を提示しえたことにあった。それは単純に、人間の猥雑さとかエネルギーの発散とかといった、わかりやすい言葉で説明されるものではない。山守組幹部の高宮敬二、松方弘樹、そして土居組若頭の梅宮辰夫とも、女の存在が彼らの死に結びついているように見えるのは何故か。娼婦を相手に「あとがないんじゃ」の名セリフを吐く菅原文太に、女の影はなかったのである。

▼七三年……………………78点

【仁義なき戦い　広島死闘篇】★

監督：深作欣二　脚本：笠原和夫
撮影：吉田貞次　音楽：津島利章
出演：菅原文太　北大路欣也　千葉真一　梶芽衣子　名和広
山城新伍　金子信雄　成田三樹夫

『仁義なき戦い』シリーズ第二作目は、広島の村岡組の組員になる北大路欣也が一応の主人公である。この物語は、第一作目の『仁義なき戦い』で描かれた呉の山守組を中心にした抗争劇とは関係ない。山守組・金子信雄と広能組・菅原文太が途中からからんでくるが、第一作目の抗争劇と物語的な接点はない。時代は昭和二十五年。賭場でいさかいを起こした北大路は、刑務所で菅原と知り合う（この時期、菅原は土居組・名和広射殺で刑務所に入っていた。これは第一作目の時間経過と合っている)。仮釈で出てきた北大路は、食堂でのケンカがきっかけで広島の村岡組に世話になるのである。

　権謀術数や複雑な人間関係が入り乱れて、日本映画史上稀な作品になっていた『仁義なき戦い』のような異様な迫力はこの第二作目にはない。おそらく前作に見られた集団抗争劇的なドラマから、一人の個を見つめるドラマに転換が図られたと言ったらいいだろうか。村岡組組長・名和広(第一作目では土居組組長役)や幹部の成田三樹夫と子分北大路の関係は、第一作目の延長線上なら名和らが徹底して北大路を利用するふうに描かれるだろうが、第一作目にあった金子と菅原の関係のような〝徹底性〟がない。北大路に対して、名和、成田にある種の恩情が見えるのだ。しかし結局は名和に利用されて幾多の殺人を犯し、どんづまりまで来てしまう北大路。ここで重要なのは、名和の姪《めい》の梶芽衣子の存在であろう。

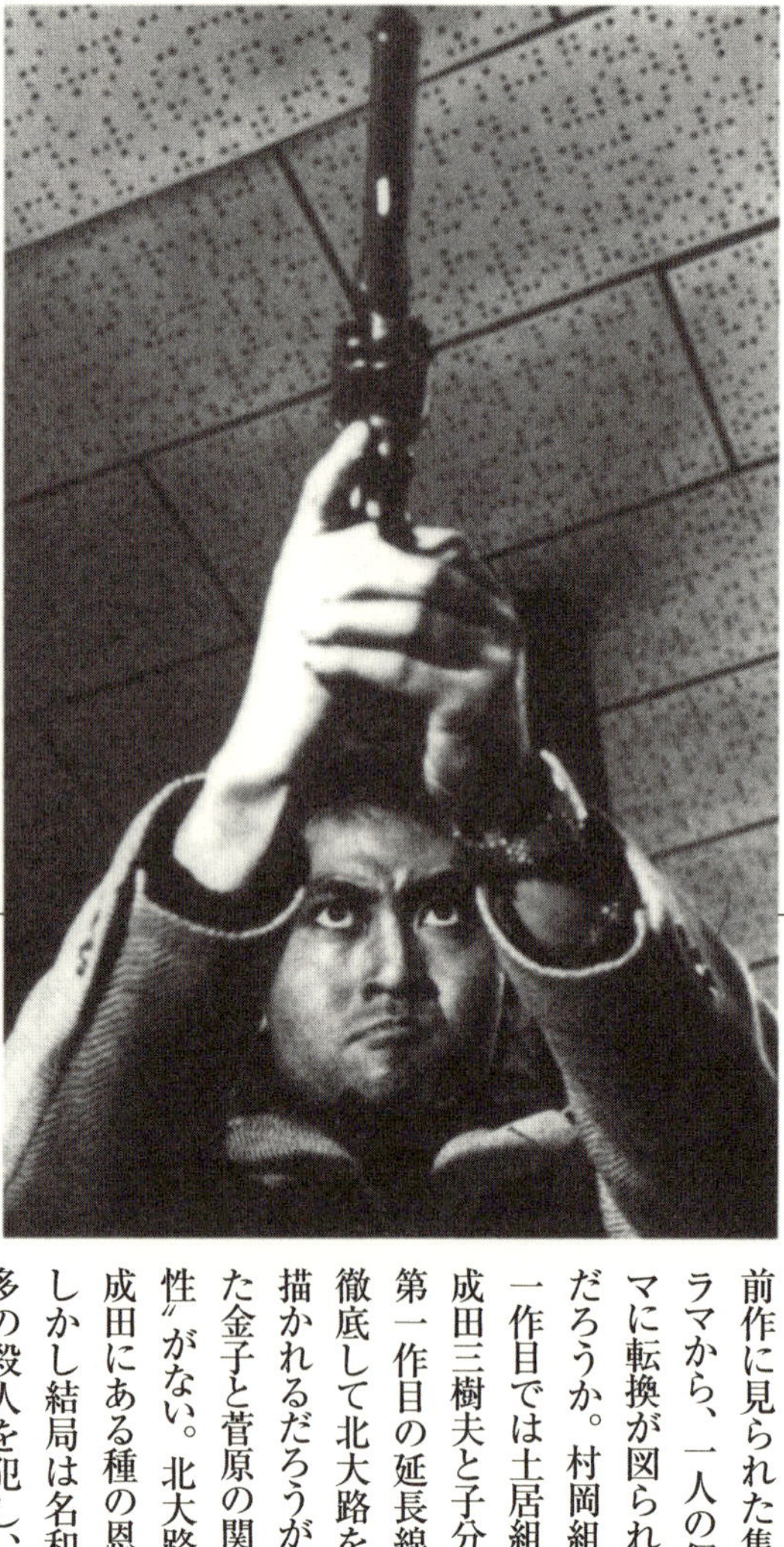
北大路欣也

　女が出来る男が死んでいく『仁義なき戦い』の鉄則が、この『広島死闘篇』でも生きていると言えようか。というより本作では、梶芽衣子という女の存在が北大路を死へと追いつめていくといった言い方のほうがいい。ラストシーン近く、北大路が警官たちに囲まれて自滅していくところを、ザラザラした映像で捉えつくそうとした監督の意図は何か。第一作目では見られなかった監督の思いがあふれ返るようなシーンであり、利用されつくされる一人の男の末路に個の哀しさが漂う。『広島死闘篇』は、『仁義なき戦い』にはなかった個のふがいなさやどうしようもない情けなさといったものが、北大路に託して描かれているのである。

　菅原文太は、今回は完全に脇に回っている。他では、名和らに対抗する大友組・千葉真一が、強烈な個性を出して特筆される演技を見せている。派手なのは千葉が、チンピラ・川谷拓三を吊るして標的にし、拳銃でメッタ撃ちにするところだ。傍らでは、仲間のチンピラ・室田日出男が怯えて小さくなっていた。しかしいかんせん千葉は、権謀術数がなさ過ぎた。純粋な精神の持ち主である北大路、粗野で行動的だがむこうみず過ぎる千葉。この二人がいなくなり、菅原はまたも山守・金子信雄とともに北大路の慰霊の前にたたずむ。広島では、村岡組の勢力が増す一方となるのだった。

▼七三年……………………92点

【仁義なき戦い 代理戦争】

★

監督：深作欣二　脚本：笠原和夫
撮影：吉田貞次　音楽：津島利章
出演：菅原文太　小林旭　梅宮辰夫　山城新伍　丹波哲郎　渡瀬恒彦　金子信雄　田中邦衛　木村俊恵　成田三樹夫

　第一作目の『仁義なき戦い』と同じく、非常に画期的な劇構造を持ったシリーズ第三作目である。呉から始まったこの物語は、第二作目で広島に所が移り、ついにこの第三作目に到って、呉と広島にまたがった広がりを見せ始める。そして神戸の大組織まで巻き込み、西日本の壮大な抗争劇となっていく、そのドラマ全体のダイナミズムがとにかく迫力満点である。第一作目と同じく、一回観ただけではこの複雑に入り組んだ劇構造を把握することはできない。物語の枝葉が、いかようにも伸びていかんとする、その放射状の劇構成は、前人未踏の映画世界を構築していると言っていい。

ただこの作品でも全体を通して一つの物語の道筋を作っているのが、跡目をめぐる種々雑多な人間模様と抗争である。これは今回、広島の村岡組の中で起こる。『広島死闘篇』で健在だった村岡組組長・名和広は病気になっており、今回はスチールでしか登場しない。跡目候補の一番手は、打本組・加藤武である。名和の舎弟分という設定だが、後に二人は盃を交わしていないことが分かり、紛糾のもとになる。他には小林旭、成田三樹夫、山城新伍らの有力幹部がいるが、各々の理由から跡目からは遠のいている。ここに呉・広能組の菅原文太が加わる。菅原は呉・山守組に復帰するとともに、村岡組の幹部たちとも盃を交わす微妙な立場をとることになる。

小林、成田は、菅原を巻き込んで山守組・金子信雄を、村岡組の組長にしようと画策する。これにはもちろん菅原は大反対だったが、少しは頼りにしていた打本組・加藤のふがいなさを知った彼は、消極的ながら金子の引き出しを手助けする。そして今や

菅原文太

呉ばかりでなく、広島の大親分となった金子は、神戸の明石組幹部・山本麟一や遠藤辰雄らをはじめ、菅原、成田らが居並ぶクラブで一席ぶつ。このシーンは、見所満載の本作の中でも特に白眉と言える。

「こいつは四千万、これは三千万」と小林、成田、田中らの値踏みをする金子の得意絶頂ぶりから、その場にやってきた加藤のダメさ加減を指摘する時の冷徹ぶりへの転換が見事。明石組の山本らはバツを悪くして退出しようとするのだが、それを押し止めてなおも加藤に突っかかる金子の粘着ぶりが面白い。加藤はついに泣き出すのだが、助け舟を出した加藤の子分・室田日出男のおかげでやっとのこと加藤は〝無罪放免〟となる。しかし居残った菅原と、彼が金子をかついだことに対する怨みつらみもあって一悶着起こす。

この一連のシーンは、山守・金子の凄みが全面開花した意味から特筆されていい。子分になった小林らへの横柄な態度と、その時点では負け犬になった加藤へのサディスティックな言葉の攻撃が見事なアンサンブルをなしている。そしてそれを苦々しく見つめる小林らと明石組・山本らとのグロテスクな対比。さらに助け舟を出した室田とは、室田の愛人・中村英子がやっているバーを今後の自身の拠点にするつもりで親密ぶりを発揮していこうというのだから、金子のクセ者ぶりもハンパじゃない。

タイトルの『代理戦争』とは、金子側の田中邦衛が推す岩国の一家と、加藤が推す岩国の別の一家とが両者の「代理」となる形で「戦争」をするところからつけられた。しかしこの「代理戦争」にも裏があり、つまり金子が可愛がっている田中を男にするために仕組んだ趣もあって、それを読んだ菅原は成田らに協力を拒むことを進言する。ダテに金子のもとにいた菅原ではない。そこまでの読みはできるようになったのであり、実を言えばこの作品のもう一つの大きな魅力は、菅原自身の変化をきちんと描いていることにあった。

本作の重要な物語的起伏の要所に、大組織である神戸・明石組の存在があり、菅原は絶えずこの明石組を意識している。要するに、弱小の広能組を支えるにはより大きな組織が必要なのであり、個と組織の在り方についてかなり透徹した考えを持っている菅原にして、自身の組の存在をより大きな力に託さ

【仁義なき戦い　代理戦争】

山城新伍　田中邦衛　菅原文太　成田三樹夫　小林旭

ざるをえなくなったのである。これは、第一作目の彼からすれば大きな変化であると言っていい。打本組・加藤を明石組に紹介するのもその故であり、そもそも明石組幹部・梅宮辰夫と親しい仲になっていたのも、映画の中で説明されているような「若い時に旅を多くしたもんで」という理由からではないだろう。

『仁義なき戦い』シリーズは、この第三作目まできて、ヤクザ映画といった枠組みを大きくはみ出したと見ていい。もともとが、その組織論的劇構造がヤクザ映画という範疇では収まり切れないものがあったのだが、本作に到って、その網の目のような劇構造それ自体が日本映画史上というより、世界映画史上で前例のない映画の形に結実しているのだった。とにかく、凄すぎる映画だ。日本映画に連綿とつちかわれきたスターシステム、撮影所システム、そしてプログラム・ピクチュアの地層のようなものが、この『仁義なき戦い　代理戦争』の中核部分を支え、各々が最高位のレベルで相互に影響し合っていると言ったらいいだろうか。このことが何にも増して感動的だったと思う。

▼七四年……85点

【仁義なき戦い 頂上作戦】

★

監督：深作欣二　脚本：笠原和夫
撮影：吉田貞次　音楽：津島利章
出演：菅原文太　小林旭　梅宮辰夫　松方弘樹　黒沢年男　金子信雄　田中邦衛　内田朝雄　山城新伍　小池朝雄

シリーズの中で、一段と評判の高い傑作。前半部分でほとんど動きを封じ込められていた菅原文太扮する広能昌三だったが、後半でも何と刑務所に入れられてしまう。つまり今回もまた『広島死闘篇』と同じく、広能は狂言回し。というより、様々な組織が入り組んだ抗争劇の中心人物たる広能は、その組織のトップにいるが故に映画の中心人物からはずされていると言ったらいいだろうか。映画の主眼は、もちろん若者たちの身を挺した戦いぶりである。

『現代やくざ　人斬り与太』などの深作作品で鮮烈な印象を残した渚まゆみが登場するシーンがいい。彼女の役は、大阪から出戻ってきたあるヤクザの情婦。裏ぶれたケバい化粧の女ながら、ぞくっとするほど色気がある。以前関係のあったチンピラの長谷川明男が思わず、「少しやせたかな。でもいい女になったぜ」と言ってしまうほどだ。亭主が瀕死の状態になっているのに、長谷川に誘われた渚はすぐに関係を持ってしまう。これをかぎつけられ、長谷川は敵対するヤクザ組織に殺されてしまうのだが、このあたりのシーンがやけに入念に描かれるのが面白い。渚の女友達から、渚が帰ってくるのを告げられても、どんな女だったのかと首をかしげる初めのころの長谷川のとぼけた顔と、結局は渚を介在させて死を迎えてしまうチグハグさがまたいい。このようにして、若いヤクザは死んでいくのだ。

『広島死闘篇』の北大路欣也のような、壮重な死を迎えることはないが、まさにチンピラとでも言う以外ない小倉一郎が演じた下っ端ヤクザの哀しい死もまた、『頂上作戦』の大きな見所になっている。中立の組員であった松方弘樹（第一作目で死んでいるが、別の役で登場）に可愛がられる小倉は、広島の原爆スラムで母親や兄弟と暮らしている。彼は野球賭博でその日を生きているという設定。しかし何と広島の小さなシマを死守しようと必死の親分・三上真一郎に、当の松方を殺ることを指令されるのだ。指令の後、原爆スラムで家族たちといるシーンが心に染みる。若者は、抗争の陰で虫けらのように死んでいく他ないということが、ここでもしつこくしつこく描かれる。若者たちの痛恨の死が『頂上作戦』の主調音とでも言おうか。

ラストは敵対するヤクザ組織の中心人物、菅原文太と小林旭が刑務所の中で語り合う名場面だ。「昌ちゃん、何年」「俺、七年だよ」。「いっぱしの殺しと同じだ」と旭。「もう年じゃけん、気いつけなよ」「おう、がんばらんといけんね」と文太。山守（金子信雄）は一年ちょっとと語られ、「割に合わん」二人は、雪が吹きすさむ刑務所の廊下（二人とも裸足にゾウリだ）を別れていくのだ。

菅原文太と小林旭

▼七四年……82点

【仁義なき戦い完結篇】

★

監督：深作欣二　脚本：高田宏治
撮影：吉田貞次　音楽：津島利章
出演：菅原文太　小林旭　北大路欣也　松方弘樹　金子信雄
山城新伍　田中邦衛　宍戸錠　伊吹吾郎

意外に評価が低いシリーズ第五作目だが、そんなことはない。終戦直後のドサクサから二十数年経ち、登場人物たちには相応に白髪も混じり、苦渋に満ちたヤクザ集団生き残りの劇が緊迫感ある映像のもと展開される。本作の見所は、山守・金子信雄から組織をあずかった竹田・小林旭と敵対する広能・菅原文太との力関係だろう。『頂上作戦』のラストで、「政治結社でも作るしかないのかのお」と言っていた小林は、まさにその政治結社で組織の温存を図る。七年の刑期がある菅原は、まだシャバに出られない。伊吹吾郎を頭にかつぐ広能組の残党は勝負に出られず、竹田組とのいさかいはチンピラ同士が担う。

小林の跡目問題が起こる。最有力が若年寄の北大

金子信雄　北大路欣也　小林旭

路欣也だ。資格充分の大友・宍戸錠は、過去の過ちを理由にされ、跡目からはずされる。これで北大路対宍戸の跡目抗争が火を吹くのであり、ここに菅原の弟分である松方弘樹が登場する（シリーズついに三回目のおつとめ。今回も殺されてしまうが）。宍戸＝松方連合が出来上がり、北大路を追い込むが、北大路らの策謀に引っかかり、北大路の跡目が確実になる。面白いのは、刑務所に入っていた小林（再度入ったのだ）が出てきた時、跡目の貫禄充分の北大路とちょっとした対立が起きることだ。「何故、政治結社の看板降ろしたんや」と小林。「そんな隠れみのでごまかせる時代じゃない」と滔々《とうとう》と弁舌する北大路。この北大路の啖呵が、この作品でもっとも迫力のあるシーンである。

『広島死闘篇』での役が北大路の真骨頂だと考えられがちだが、そうではない。組織の跡目も決まり、組をあずかる決意を固めた北大路は、可愛がられ自身の引き立て役でもあった小林に堂々と真正面から組の現状を述べたてる。そのセリフ回しの素晴らしさ。それまでが、次代を担う物分りのいい役柄だっただけに、小林に敢然と立ち向かう姿勢とそれを裏

松方弘樹と宍戸錠

打ちする彼のアクションとセリフ回しが、何とも言えない小気味良さを感じさせるのだ。北大路は言うだけ言った後、「政治結社をやめたのは私の責任ですけ、どないでもして下さい」と小林に頭を下げる。小林は、この一言で北大路の跡目を決めるのである。

　ラストはこうだ。大友・宍戸の傘下にいた組員に重傷を負わせられた北大路は、小林に止められるのも構わず襲名披露の儀式に出席する。すでに出所し、小林と一触即発だった菅原文太がそこに現れ、子分の伊吹を指して「こいつをどこかで使わせてやってください」と小林や北大路に言い放つ。そして『頂上作戦』のように菅原、小林の会話になり、小林は「（北大路を指して）ああいうふうにはもう俺らできんけ」と言い、菅原は「いい若いモンを持ったなあ」と答えるのだ。まさに戦後ヤクザ終焉の図であり、小林対菅原というシリーズ後半を形作った一つの対立軸は、この場において一応は終息したように見える。安易なラストと見る向きもあるかもしれないが、そこに至るまでの過程が実に複雑な組織と人間の劇だっただけに、それを単純な終息の図と判断することはできないだろう。因みにこのシリーズ第五作目に至り、笠原和夫から高田宏治に脚本が変わっている。

■

▼七四年……68点 ★

【新仁義なき戦い】

監督：深作欣二　脚本：神波史男　荒井美三雄
撮影：吉田貞次　音楽：津島利章
出演：菅原文太　松方弘樹　金子信雄　若山富三郎　田中邦衛
渡瀬恒彦

〝完結篇〟で終了した『仁義なき戦い』シリーズだが、東映という会社はドル箱をそう簡単には終わらせてはくれない。シリーズとの因果関係は全くない新版が本作。ただし金子信雄扮する山守組長は相変わらずだ。戦後五年経った広島・呉を舞台に、山守組の跡目を狙う若頭・若山富三郎らが、山守親分を追い出そうとするのがドラマの骨格。殺人未遂の罪で刑務所に入っていた山守組組員の菅原文太（広

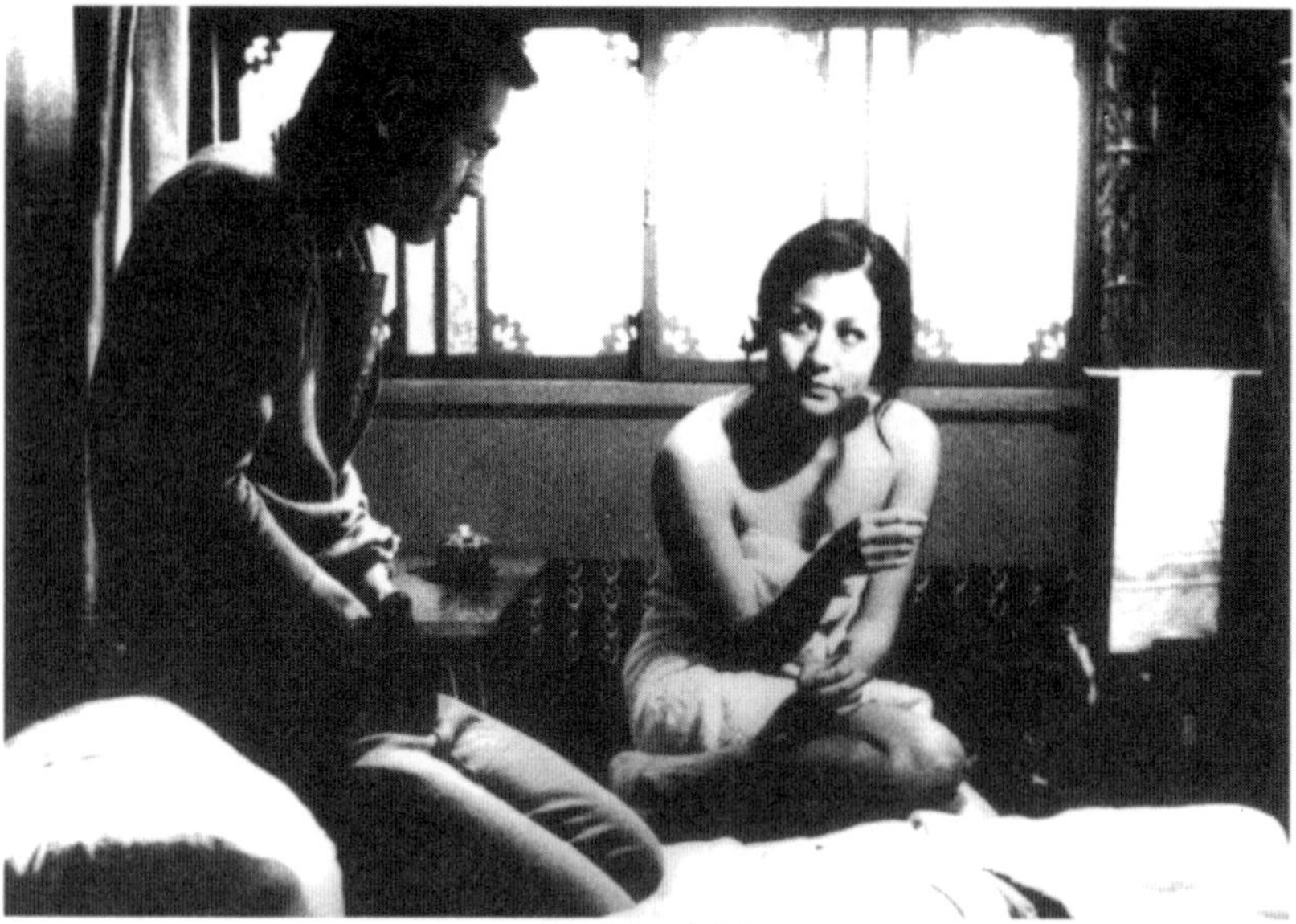

菅原文太と池玲子

能昌三ではない）は、数年ぶりにシャバに戻ってくるのだが（最初は名古屋で謹慎させられる）、金子と若山の関係はもはや抜き差しならないものになっている。菅原は、例によって金子陣営につく羽目になるのである。

不思議な作品といえば、言えないこともない。シリーズで不在だった若山や安藤昇が出演してがんばっているが、どこか出がらしの感が強い。その中でハッとさせられたのは、菅原と愛人・池玲子の関係だ。菅原は池を連れて名古屋から呉の若山の一家に身をあずけるのだが、そこでのシーン。池を弾よけに連れてきたことを、当の池にさとられ（若山の女房・松尾和子が、それとなく告げるのだ）、彼女が菅原をののしる。そこで切れた菅原は「お前だって、こっぱ銭で体を売る朝鮮ピーじゃないの」と一喝。決定的な別れとなるのだが、このシーンは決して差別用語の故に批判されるところではない。

つまり池はその前に、ヤクザというものをののしっている。いつだってヤクザはそうなんだというようなことを、腹から絞り出すように菅原に言い続けている。菅原はここで、ヤクザとしての自己を否定されたと思ったのではないか。だからこそ、ヤクザという言葉を差別的に使われたと思い、自身も差別用語で粉砕しようとした。非常に悲しいシーンだと思う。本音が出たシーンだと思う。意外や、シリーズではこうした本音は出ていなかったのではないか。実録路線と言われながら、その実、別の意味で鎧をかぶっていた作品群だったとも言えるのだ。

短時間で燃焼し尽くしたテーマと表現の形が、その時点で自己完結させてくれず、もっとやれ、もっとやれとせっつかれて出てきたのが『新仁義なき戦い』だったろうか。それでも前述のごとく、興味深いシーンが見えていた。作品としてのボルテージは前五作と比べると明らかに低いが、なかなかに貴重な一編であった。

【新仁義なき戦い　組長の首】

▼七五年……………70点 ★

監督：深作欣二　脚本：佐治乾　田中陽造　高田宏治
撮影：中島徹　音楽：津島利章
出演：菅原文太　山崎努　渡瀬恒彦　梶芽衣子　成田三樹夫
室田日出男　織本順吉

前作『新仁義なき戦い』とは何の因果関係もない作品。つまり『仁義なき戦い』というタイトルが入っているだけ。〝完結篇〟まで作られたシリーズとも、もちろん関係ない。時代は六八年。北九州のヤクザ間で抗争があり、一方の組の親分の娘婿である山崎努が、鉄砲玉になって相手側の親分を狙う。そこに加わるのが、山崎の兄弟分で旅人の菅原文太。菅原は殺しまで引き受け、一人刑務所に入る。八年後出てくると、山崎は覚醒剤に身をやつして落ちぶれ、親分・西村晃、若頭・成田三樹夫、幹部・織本順吉らが組を牛耳っている。

『新仁義なき戦い』と同じく、組の内部抗争がその後描かれていくが、新しさはあまりない。ただこの作品でも目を引くのは、西村の舎弟・室田日出男と成田の愛人として二股をかけるクラブホステス・ひし美ゆり子の存在だ。ひし美は、今で言う〝さげまん〟。彼女とくっつくと男は死んでしまう〝伝説〟があり、小心の成田はゲンをかついで後ろからしか〝やらない〟。それを聞いた菅原も（強引に彼女のマンションに入り込んだ）、思わずビビって逃げ出してしまうくらいだ。ひし美の狙いは、ズバリ親分の女房となること。そのために二股かけているし、ラストでは菅原に持ち上げられた織本にくっつくだろうとのさりげない描写が付け加えられている。

反対に悲惨な女の役は、山崎の女房で西村の娘の梶芽衣子だろう。暴走する山崎を前に、「あんた、あんた」と何遍も枯れた声を浴びせる。この「あんた、あんた」はいったい何だろう。西村が山崎に射殺されるシーンでも、「あんた、あんた」なのだ。情けないくらい悲しい女。男への従順ぶりが、ひし美ゆり子のたくましさと比べると、ちょっとびっくりするくらい情けない。

今考えると、不思議なほど〝新〟と銘打った『仁義なき戦い』は、女性の描写に焦点が当てられている。もちろん『広島死闘篇』の梶芽衣子、『頂上作戦』など

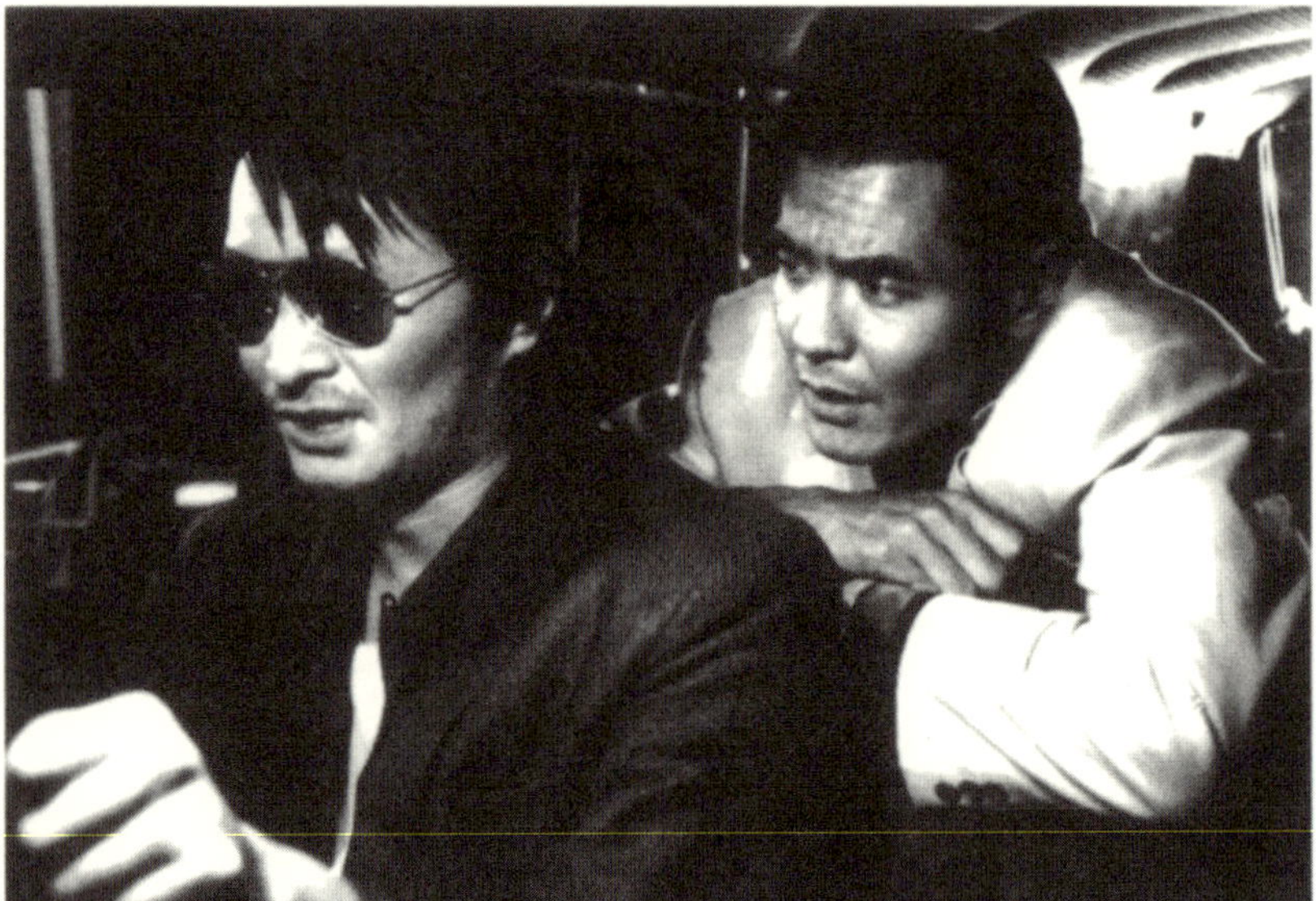

山崎努と菅原文太

の渚まゆみなど印象深い女性は前五作でもいたが、『新仁義なき戦い』の池玲子や本作のひし美ゆり子は、それまでの女性陣とはずいぶんと趣が違う。男と対等に、男以上に自分の存在を誇示し、男どものヤクザ社会の中で光輝いている。フェミニズム派の論客からすると、ヤクザ映画は度し難いほど女性蔑視が恒常化していると見られがちだが、どっこいそれだけではかたづけられない女性たちが〝新〟シリーズには登場していたのだ。

　付け加えておくなら、津島利章のテーマ曲は『新仁義なき戦い』から変わっている。あの有名なテーマ曲の変調のような曲調だが、こちらの音楽も文句なしの出来栄えである。

▼七六年……58点

【新仁義なき戦い　組長最後の日】

★

監督：深作欣二　脚本：高田宏治　撮影：中島徹
音楽：津島利章
出演：菅原文太　松原智恵子　和田浩治　小沢栄太郎　藤岡琢也
成田三樹夫

　大阪で二つの組が、ある殺人事件をきっかけに対立した。一方は関西の大組織に属する組、一方は九州勢と関係の深い組。この対立は大阪対九州の戦いに発展する。九州勢の有力な組の幹部が菅原文太。大阪のほうには菅原の妹・松原智恵子と一緒になった和田浩治が所属している。菅原の親分・多々良純が殺されたことで、菅原は一気に行動を開始し、九州勢の他の組が和解を画策する間もなく、大阪勢の藤岡琢也が親分の組にヒットマンを飛ばす。菅原は九州勢の止めるのも聞かず、トップの暗殺さえ辞さない構えを見せた。

　シリーズ第八作目。例によって前作などとは何の因果関係もなく、タイトルから『新仁義なき戦い』をとっても何の異和感もない作品である。ただシリーズにあった、複雑な人間関係が織りなすダイナミックなドラマ構成は影をひそめた。菅原文太は、組の親分・多々良が殺されたことで復讐の鬼と化し、子分の地井武男、尾藤イサオらとともに関西の大組織の親分・小沢栄太郎を射止めることのみに専念する。この直情型の菅原は、シリーズでは見られなかった性格付けである。だから、ちょっと、作品全体が平板になった感が強い。

菅原文太と小沢栄太郎

七三年から始まるこのシリーズは七七年のこの第八作目で、深作欣二監督作品としては終結する。よくぞ作りも作ったりであり、とりあえずの終結が第五作目まで。その後、〝新〟がついて三本続けられた。笠原和夫脚本が第四作目まで、以降は高田宏治脚本となったが、〝新〟になった段階で作品に大きな変化が見られたのは、明らかに脚本家の違いによるのだろう。

この第八作目では、深作演出はカーアクションに力が入っている。というより、力を入れざるをえないという感じ。描写を派手にすることで、何らかの埋め合わせをしようとしているのだが、今回ばかりはそれも少し空回りといった気がした。

▼七九年……67点

【その後の仁義なき戦い】★

監督：工藤栄一　脚本：神波史男　松田寛夫　撮影：中島徹
音楽：柳ジョージ
出演：根津甚八　宇崎竜童　松崎しげる　原田美枝子　松方弘樹
成田三樹夫　小池朝雄

『新仁義なき戦い　組長最後の日』（監督・深作欣二）から三年後に作られたのが本作。商売根性、ここに極まれり。とにかく、何が何でもそのころは『仁義なき戦い』だったのがうかがい知れる。ただ『その後』は、それまでのすべての『仁義なき戦い』に出ていた菅原文太が不在。そして監督も深作欣二から工藤栄一に変わった。さらに根津甚八、宇崎竜童、松崎しげるらがメインキャストとなっている以上、〝その後〟の意味もあまりない。

ちょっと説明がいると思う。松崎しげるはともかく、根津、宇崎とも当時の日本映画界の期待の星であった。唐十郎の状況劇場に所属していた根津は、テレビや映画で売れっ子になっていて、この三年後、本作を足がかりにしたような『さらば愛しき大地』に出演する。宇崎は、増村保造監督に乞われて『曽根崎心中』（七八年）に出演、梶芽衣子とともにその演技が賞賛されていた。さらに根津の恋人役となる原田美枝子は、七六年の『青春の殺人者』の余韻がまだ強く、当時最高の若手女優の一人だった。そして特別出演の萩原健一。『青春の蹉跌』（七五年）や『アフリカの光』（七六年）などの強烈な演技から、若者たちの人気を一心に集めていた。つまり本作は、七〇年代後半の日本映画界の期待の星が総出演していた作品であったのだ。

監督の工藤栄一は、そうした俳優たちの憧れの人であり、自身も若手俳優たちを起用するのが非常に好きなように見えた。たとえばこういうシーンがある。別の組にいる仲間と、自身が身を寄せている組との間で板ばさみになり、親分の成田三樹夫を殺害してすさんだ姿で根津甚八が一杯飲み屋にいるシーン。根津に一人の男がカラみ、「俺、会社首になっちゃった。合理化って嫌だね。」と言い始める。根津は思わず、「あっちへ、いね」と一喝すると、この男は「人の話を聞け」と言って怒鳴り散らすのだ。

男は立ち去るが、イライラが募った根津は、テレビに映っているかつての仲間で今は流行歌手の松崎しげるの姿に目を移し、テレビに近寄ってボリュームを上げる。他の客たちがうさん臭気に根津を見守る中、一人の客がスイッチをひねって野球中継に変える。さらに松崎のほうに変える根津、野球に切り変える客といった繰り返しがあり、最後には根津がテレビを引っくり返してつぶしてしまう。ここまでなら、よくありそうなシーンであろう。しかし、この後がある。

混乱状態の店の中で、再び先程の男がいけしゃあしゃあと現れるのだ。思わず笑ってしまうシーンなのだが、この男を特別出演の萩原健一が演じている。失礼ながら、映画全編で一番面白いシーンであり、

根津甚八と原田美枝子

迫力のあるシーンであった。一種のお遊び的な描写なのだが、こうしたことを俳優たちに平然とやらせてしまうのが、工藤栄一のいいところだろう。クセのある俳優たちが工藤の周りに集まってくるのは、そうしたことも大きいと思う。

『新仁義なき戦い』以降、親分の跡目を争うヤクザの抗争劇に、ある種の〝退屈さ〟がこの新シリー

ズにはつきまとってきた。『その後』は、一種の青春群像の描写に舞い戻ることで、その停滞を打ち破ろうとした作品であった。根津の恋人役となる原田美枝子は、『青春の殺人者』の〝その後〟とでも言いたいくらいの演技であり、後年同じく工藤栄一監督の『野獣刑事』（八二年）でシャブ中男を演じることになる泉谷しげるも、本当にチョイ役ながらいい味を出している。

■

▼二〇〇〇年……70点

【新仁義なき戦い。】

★

監督：阪本順治　脚本：高田宏治
撮影：笠松則通、音楽：布袋寅泰
出演：豊川悦司　布袋寅泰　佐藤浩市　岸部一徳　哀川翔
村上淳　大和武士　織本順吉

もちろん往年の『仁義なき戦い』シリーズとは違った色合いながら、なかなかに面白い作品に仕上がっている。かつてのシリーズのような、息づまるような登場人物たちのエネルギーの放出はないが、内に秘めた〝生の根拠〟が思わず表出してしまうといった感じ。主人公の一人である布袋寅泰の言葉を借りれば、「俺は生きざまなら、あいつ（弟）は死にざまだ」。しかしその後、仲間の哀川翔に「どちらも紙一重ですけどね」と言われてしまうのだが。ともかくその「生きざま、死にざま」ともに、わかりやすい明快なエネルギー放出にはいかず、どちらもどす黒く内部で煮えたぎっている。両者のその確執が、映画を貫く大きなドラマの要になっているわけだ。

　本作での兄（布袋寅泰）と弟（豊川悦司）の確執は、なにやら悲劇の原型のような形を作っている。在日韓国人のこの兄弟は、兄が事業家、弟がヤクザ。弟が所属している組織の跡目騒動が起き、そこに事業家の兄が巻き込まれる。跡目の筆頭に踊り出た組の親分、佐藤浩市に「半島に送金しているのを知っているぜ」とおどされる布袋は、徹底したヤクザ嫌いであり、彼を中心にした〝在日組〟は断固ヤクザとの関わりを拒否する。これはそのまま弟への憎しみにもなっており、圧巻は不法滞在など様々な弱みを握られた布袋らが、佐藤に三億円の金をホテルに

豊川悦司と岸部一徳

持ってくるシーン。ここでは敵対する組の傘下にいる弟の豊川と、さらに豊川の子分である村上淳が各々別々に佐藤を狙っている。村上の発した弾が騒動の引き金になり、同道していた哀川がそこで撃たれる。ここで哀川は「やくざより怖いもんがあるんやで」と言い放つのだが、この言葉は映画全体を象徴する重要な意味合いを持っている。

　つまりこの映画では、今までのヤクザ映画では大っぴらに描かれなかったヤクザ対在日韓国人という構図が前面に出てきているのであり、そののっぴきならない対立軸に、作品の生命線がある。その象徴が、哀川の言葉であろう。終局で、タナボタとでも言っていい跡目が、何と豊川の親分である岸部一徳のもとにいく。女房の早乙女愛が、不気味な言葉を吐く。岸部が読まなくてはならないある文章を指し、「難しい漢字にはかなをふっておくから」と。そしてその岸部に心酔しているかに見えた豊川は終局の惨劇の後、岸部に向かって言い放つのだ。「あんた、誰や」と。このあたりに込められている映画のボルテージは生半可なものではない。同じ監督による『顔』とは比較にならないくらい重要な作品だった。

▼七二年……58点

【やくざと抗争 実録安藤組】

監督・脚本：佐藤純彌　脚本：石松愛弘
撮影：稲田喜一　音楽：日暮雅信
出演：安藤昇　山本麟一　渡瀬恒彦　藤竜也　藤浩子　天津敏　菅原文太

ご存知、安藤昇の自伝的映画。渋谷に屯《たむろ》している学生愚連隊の集団を率いる安藤が、渋谷に出向いてきた銀座の暴れん坊・ドス健をぶちのめすのが冒頭シーンだ。このドス健、白のスーツに身を固めた粋なスタイル。何とあのゴツイ山本麟一が演じているのが珍妙。ドス健、仕返しに銀座に来た安藤らを叩きのめすが、ここで安藤の左頬が斬りつけられるシーンが出てくる。安藤には本当に左頬に切り傷があり、これがどのようにして出来たのか、わかる仕組みになっている。

安岡力也と安藤昇

俳優デビュー時の『血と掟』（六五年）のころはともかく、本作における安藤の俳優的資質には、非常に暖かみのある側面が大きく出始めているように見える。本物のヤクザが俳優を演じているというより、安藤の中に隠されていた暴力性とは別の人間性というものがにじみ出ている。これは俳優にとって決して誉められるべきところではない。しかし安藤に関する限り、そうした側面は彼の大きな魅力になっていたと思う。安藤が愛人・藤浩子（セリフ回しがちょっとヒドイが）に対してキツい言葉を放つにもかかわらず、どこかで藤は彼を許してしまう。ここに彼の人間性がにじみ出ている。

　とにかくこの作品で見られた学生愚連隊の勢いの良さは只事ではない。現役ヤクザを食いつぶして、ショバをかっさらってしまうんだから。安藤の手下で、ほとんど言葉を発しないチンピラを安岡力也が演じている。今では想像もつかない細身の体だが、非常にいい味を出していた。

■

▼七三年……84点

【やさぐれ姉御伝　総括リンチ】

★

監督：石井輝男　脚本：掛札昌裕　関本郁夫　石井輝男
撮影：わし尾元也　撮影：鏑木創
出演：池玲子　愛川まこと　城恵美　芹明香　安部徹　嵐寛寿郎　内田良平

　ヤクザ映画というより、日本映画の隠れた金字塔的作品と言っていい。凶々しさやおどろおどろしさ。日本映画史をひもとく時、必ず現れてくるそうした隠花植物的な側面が、まさに全面開花しているのがこの作品である。市民的良識からすると、徹底して唾棄されるべき作品だろうが、その凶々しさの徹底ぶりにおいて映画の暗黒面のある頂点を極めつくしている。

　冒頭、女ヤクザの池玲子が、男たちを相手に殺陣回りを演じている。いわゆるタイトルバックの映像

池玲子

なのだが、ここからまず度肝を抜かれる。いつの間にか着物から片肌脱いだ池は、そこから刺青が目に飛びこんでくるや否や上半身素っ裸になる。乳房が

揺れ、男どもを斬っていくのだが、タイトルロールが終わりになると、何と全裸になっているではないか。このいかがわしさは半端ではない。

何の必然性もない、乳房の露出から全裸への移行なのだが、往年の東映の〝ポルノ女優〟である池玲子が演じているから、その描写の連なりに説得力があるのだ。ドラマの約束事など何ほどのこともない。〝ポルノ女優〟が主演の冒頭シーンだから、そういうことが許される。東映作品だからというより、映画というのは時としてそうしたことが可能になる。以降、まさに想像を絶する映画の地獄図絵が展開されていくのだが、その中身についてはくだくだ述べるより、本編をあたってもらったほうがいいだろう。

ただ、どうしても言っておきたいことがある。セットの素晴らしさである。港町のドヤ街が、全編を通じて描かれているが、その入り組んだ路地の狂騒ぶりや、女娼の巣窟の猥雑さなどにほとほと感心した。セットそのものが、生々しく息づいている感じ。そして、女たちの全裸姿がまさに映画のセットと化しているラストシーンを観るに及んで、私はただただ呆然とせざるをえなかった。

▼七三年…………59点

【山口組三代目】

監督：山下耕作　脚本：村尾昭　撮影：山岸長樹
音楽：木下忠司
出演：高倉健　菅原文太　松尾嘉代　丹波哲郎　水島道太郎

現在もなお全国的なヤクザ組織として君臨する山口組の三代目・田岡一雄の自伝的作品である。両親が早く亡くなり、親戚にあずけられた田岡・高倉健の貧しい青年期がまず描かれる。これが彼の出発点で、青年期になって造船所に勤めるがケンカをして辞め、神戸・新開地をうろついているところを、昔の仲間である山口組の構成員・林彰太郎に声を掛けられる。ヤクザへの第一歩であり、彼は持ち前のバイタリティで柔道四段の大男を目つぶしで倒し、さらにむげにされた芝居小屋の支配人に仕返しをすべく、そこの劇場を大混乱に陥れる。

この時点で初めて、山口組二代目・丹波哲郎に目をつけられる。組の幹部・水島道太郎のあずかりとなった田岡・高倉健は、その後めきめきと頭角を現し、丹波が後援会長になった相撲取りの大関をめぐるトラブルを解決。さらに浪曲師・広沢虎造の興行を成功させたりするなど、先輩格の菅原文太などと早くも対等な立場を獲得してしまう。その過程で面白いのは、広沢の興行を成功させて有頂天の高倉に、丹波が肩をもむように指示してあまりの下手さ加減に怒り散らすところだ。冗談で怒っていると思いきや、丹波はかなり本気で日本刀まで持ち出す始末。高倉は丹波のあまりの剣幕の故に、東京に逃げてしまうのだ。これはおそらく、田岡自身に本当にあった出来事だろうが（むろん映画全編が実話に忠実だとは思うが）、このエピソードに二代目・丹波と田岡・高倉の関係が透けて見えて面白い。

他にもこの作品には幾つか興味深い点がある。たとえば、通常のヤクザ映画では考えられないのだが、ヤクザの組同士の対立が描かれていない。神戸の卸し売り市場の利権をめぐって、敵対する組と一触即発になるところはあるが、それは抗争なしで終わってしまう。つまりこの作品には、利権や縄張りを介した対立が描かれないのだ。反対に物語の軸となるのが、興行面におけるトラブル解決や組うちのいざこざ。興行面は前述した芝居小屋や相撲、浪曲師、ボクサーなどをめぐって高倉が奮闘する。組うちでは、ふがいない幹部・遠藤辰雄の破門が高倉と遠藤の弟分・菅原文太の死闘にまで発展する。

縄張り争いが描かれないのは、やはり製作側が相当山口組に気を遣ったためだと思う。興行面の〝事業展開〟に話を絞り込んでいるのは、これが田岡・高倉の〝やり方〟だからだろう。特に、高倉が組内でのし上がっていく過程は面白く見た。かなり過酷なヤクザ稼業が、自身の貧しくつらかった少年期のことを考えれば、何ほどのこともないように描かれていること。人より一歩も二歩も出て、目立つ活躍をしてしまうこと。そしてこれが重要なのだが、無償の行為としてヤクザの成業を全うしていくところ。

もちろんここには二代目のためという大義名分があるのだが、この無償の行為というところに、ある種の恐ろしさが感じられた。ラストで菅原を死に至らしめた高倉は、法廷で〝懲役八年に処す〟と宣告される。ここで高倉はこう言うのだ。「そんな軽い

高倉健　菅原文太　丹波哲郎

のんで、いいんでっか」。人はこれをきれいごとと言うかもしれないが、私にはそうはとれなかった。そういうふうに言わせてしまう、とてつもない精神の所有者として田岡・高倉健が描かれていることが非常に面白い気がしたのだ。

■

▼七四年……………………56点

【三代目襲名】

監督：小沢茂弘　脚本：高田宏治
撮影：仲沢半次郎　音楽：渡辺宙明
主演：高倉健　松尾嘉代　大木実　待田京介　安藤昇　渡瀬恒彦
田中邦衛　天津敏

『山口組三代目』の続編。田岡一雄役の高倉健が、昭和十五年に刑務所から出てくる。興行をめぐるいざこざ、終戦直後の混乱期、さらに組織の肥大化にともなう縄張りの拡張。この三つの部分で映画は大枠構成される。ポイントは、終戦直後の混乱期、であろう。映画のナレーションは、次のような説明をする。「終戦直後、国内には二百万人以上の在日朝鮮人、台湾人のいわゆる第三国人が居住していた。兵庫県内では東京、大阪に次いで人々の七％強、十三万五千人を数えた」と。

高倉・山口組の役割は、その中の〝不良三国人〟（映画での言葉）を警察からの依頼により駆逐することにあった。つまり、ここで二通りの「在日朝鮮人」が描かれる。つまり、山口組に協力的な「在日朝鮮人」とそうでない「在日朝鮮人」である。前者は田中邦衛、後者は遠藤太津朗がそれぞれ演じる。高倉は、田中、遠藤といわゆるムショ仲間であった。高倉を慕った田中、囚人の室田日出男に差別根性むき出しに痛めつけられた遠藤。それぞれが刑務所では、高倉を介して微妙に違った関係にあった。

この二人が、終戦後（前から）二通りの生き方をしていた。田中は社会の底辺をさまよい、遠藤は〝不良三国人〟の仲間に加わった。その各々の〝立場〟が、

松尾嘉代と高倉健

そのまま高倉との位置関係を築いた。映画は別段、高倉・山口組と二人との関わりを深いところで描いているわけではない。まさに〝立場上〟の違いによって、味方になったり敵になったりしているだけだ。ここで高倉の描き方に、正義感が滲み出ていないのが少し救われた気がした。このいざこざは、ボンノと言われる国際ギャング団のヤクザ・安藤昇が間に入って一件落着となる。〝不良三国人〟側に顔がきく安藤が仲介したのは、日本人のヤクザのメンツの故だった。

七〇年代に、こうした映画が作られていたことは、それほど異和感がなかったと思われる。これはおそらく、日本人のある程度の総意として当時、映画で描かれたような共通認識があったということだろう。〝第三国人〟や〝不良三国人〟という言葉とそれから派生する終戦直後の日本の〝状況〟。当時左翼陣営から、内容に対するクレームがあったというふうには記憶していない。私はこの作品を観て、日本人と〝第三国人〟のこうした描き方に大いなる関心を持った。

▼七三年……53点

【現代任侠史】

★

監督：石井輝男　脚本：橋本忍　撮影：古谷伸
音楽：木下忠司
出演：高倉健　郷鍈治　成田三樹夫　梶芽衣子　夏八木勲　小池朝雄　内田朝雄　辰巳柳太郎　安藤昇

冒頭、着ながしの高倉健が飛行機のタラップを降りてくる。この作品は公開当時、そのシーンのみが話題になった。今観ると笑えるのは、高倉健が降りる寸前、スチュワーデスが彼に日本刀を渡すところだ。ありえないことなのだが、映画ならよし。しかし全体の映画の印象は、ヤクザ映画の出がらしの域を出ていなかった。

ただ〝映画史〟的に、重要なことがある。堅気になった高倉と、彼を取材に来たジャーナリスト・梶芽衣子との〝ロマンス〟が、『冬の華』などの後年の高倉の主演作とつながっていることだ。『現代任侠史』が製作されたのは七三年。実録路線の絶頂期にあたり、実録路線に参加しなかった高倉にしたら、新境地を目指した彼なりの狙いがあったということだろう。『網走番外地』などで名コンビを組んだ石井輝男監督が、演出を手がけたのもそのあたり

高倉健と梶芽衣子

に事情があるのではないか。

関西のヤクザ団体から先兵役を引き受けた組の親分の安藤昇が、関東との約束を取りつけた矢先、銃弾を浴びる。堅気の高倉は、親ゆずりの名刀を携えお定まりの殴り込みをかける。しかし一連のパターン化された物語と描写に、任侠映画がはらみ持っていた切迫感と情感はもはやない。実録路線に対する一種のアンチテーゼが、任侠映画の悪しき焼き直しに転じたのである。傍役では、高倉に代って二代目総長となる郷鍈治が、印象に残る存在感を見せていた。

▼七四年……83点

【山口組外伝　九州進攻作戦】

監督：山下耕作　脚本：高田宏治　撮影：山岸長樹
音楽：八木正生
出演：菅原文太　渡瀬恒彦　渚まゆみ　丹波哲郎　梅宮辰夫
津川雅彦　松方弘樹

実録路線全盛期の代表的作品である。一匹狼の夜桜銀次が主人公。演ずるは菅原文太。昭和三十二年、九州・別府で対立する組の抗争が起こり、一方に加担した菅原は大阪に行かざるをえなくなる。大阪・十三《じゅうそう》あたりで暴れ回る菅原は、チンピラの渡瀬恒彦を配下にする。別府時代の恋人・渚まゆみと同棲し、渡瀬も入れた共同生活が始まるのだが、別府の兄弟分・梅宮辰夫が関西の大組織・兵藤組に入ったことで、菅原の命運も風雲急を告げる。

大阪にやってきた梅宮は、菅原と微妙な距離を保ちながら勢力拡大を図るが、菅原は何かと騒動を起こす。今井健二らの在日朝鮮人グループ等といざこざを繰り返しながら、ついに菅原は子分の渡瀬が起こした不祥事に怒りが収まらず、相手の組の親分・遠藤太津朗にではなく、渡瀬自身の腹にピストルをぶっ放す。その後一年、消息不明になった菅原は、またフラっと大阪の賭場に現れる。渚まゆみには女の赤ちゃんが生まれており、暴力沙汰も和《やわ》らぐと勘ぐられたが、〝危ない〟菅原のこと、ついに兵藤組や梅宮らの思惑もあって、博多の兵藤組傘下の組に追いやられる。

　しかしここでも、菅原の暴れん坊ぶりは変わらない。博多に着くやすぐに足を伸ばして、関わりのあった組の親分・内田朝雄から大金を脅し取る。乗っていたタクシーの進路を妨害されたというので、相手の組に乗り込んで事務所をメチャクチャにする。そうこうするうちに、博多のヤクザ組織は菅原を兵藤組の鉄砲玉と捉えるようになり、両者は一触即発の様相を呈してくる。そしてついに、夜桜銀次の菅原文太は仕掛けられた殺し屋の手で血祭りに上げられる。いきり立った兵藤組は、全九州のヤクザ組織と事を構える体制を整えるのだが……。

　菅原文太が演じた夜桜銀次は、孤高の存在感、不気味さにおいて、『仁義の墓場』（監督・深作欣二）で渡哲也が演じた石川力夫に比肩しうる、ヤクザ映画の系譜の中で特筆されるべき人間像であった。全身総刺青の異様な体が、渚まゆみの裸体の上でうごめく時の何とも言えない不気味な存在感。ピストルを手前に置いて賭けに興ずる時の異様な孤高ぶり。

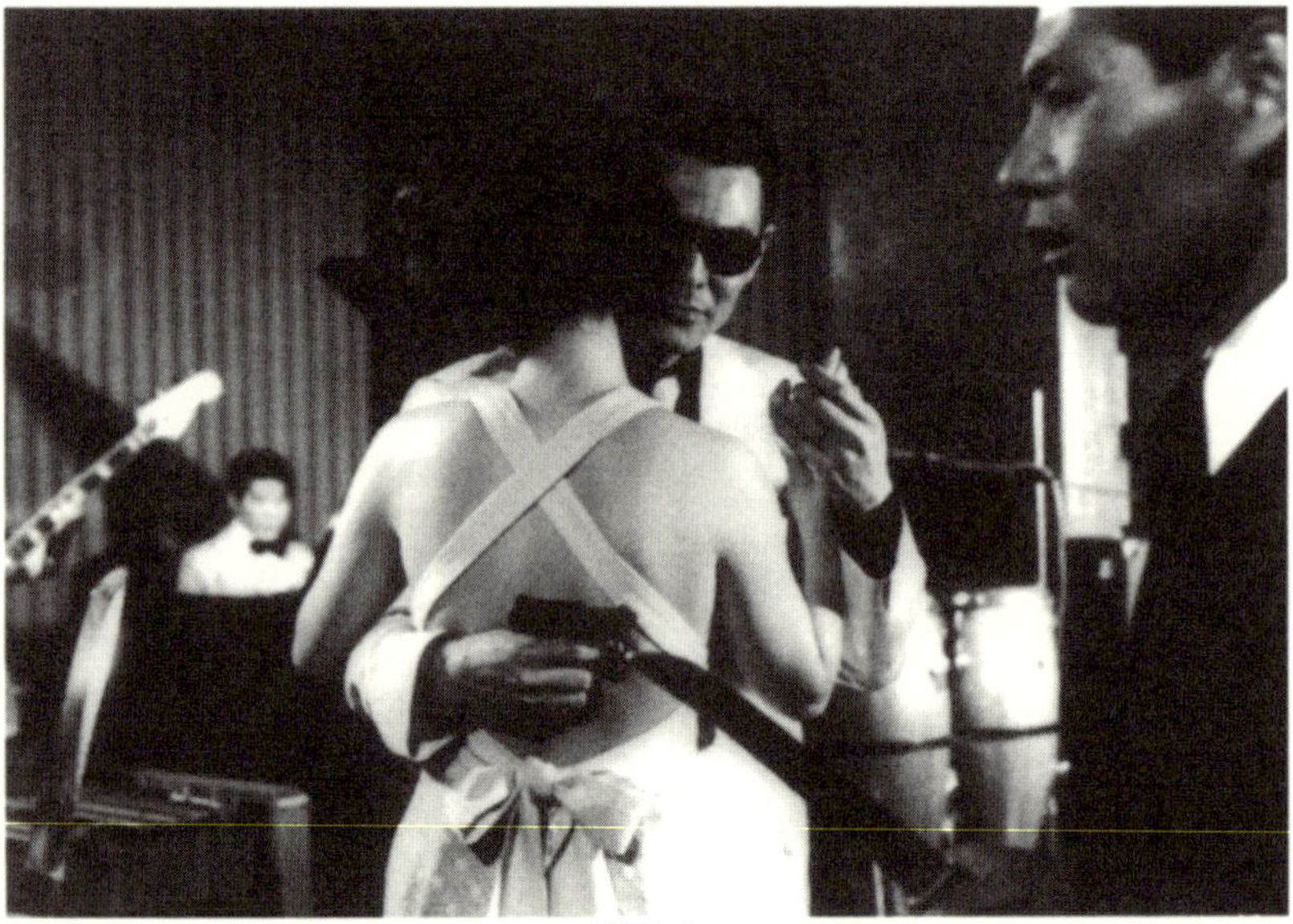

菅原文太

博多の組の親分・葉山良二の言葉を借りれば、「命知らずというより、もう死んでいるこたある。生きてる人間じゃなか」。葉山のこの言葉に、博多で菅原をあずかった兵藤組系の親分・渡辺文雄も「あんたもそう思われたとですか。まるで死神ば背負うとるごたあばい」と言う以外ない。

任侠映画から実録路線に到る菅原文太の映画歴の中で、本作の夜桜銀次はもっとも突出した役柄であったと言っていいだろう。『仁義なき戦い』シリーズや『現代やくざ　人斬り与太』での彼には、まだまだ人間の香りが残っていた。しかしこの『九州進攻作戦』の菅原には、人間らしさが全くないのだ。おそらくヤクザ映画というより、実録路線におけるヒーロー、アンチヒーロー像を極限化していくと、『仁義の墓場』の石川力夫なり、この『九州進攻作戦』の夜桜銀次になるのかもしれない。そして石川力夫が、亡き愛人の骨をボリボリかじった人間らしさがかろうじて残っていたのに対して、本作での夜桜銀次はどんな場合でも徹底した無表情を装う限りにおいて、その非人間性は抜きん出ていたと言えるだろう。

それでも監督の山下耕作は、彼らしい演出のやさしさを出すのを忘れない。菅原が殺された後、刑務所から出てきた子分の渡瀬は、菅原自身がアパートの前に植えたというバラの花を一輪もぎとって、自分の胸に差す。さらに渡瀬が隠してあったピストルを見つけるために土を掘り起こしたところにも、花がささっている念の入れようなのだ。個の極限化を描いてこの作品は、ヤクザ映画史上に燦然と輝いている。それを描いたのが深作欣二や中島貞夫ではなく、山下耕作であったところにこの作品の特異性があったと思う。

▼七四年……57点

【唐獅子警察】

★

監督：中島貞夫　脚本：野上龍雄　撮影：赤塚滋
音楽：広瀬健次郎
出演：小林旭　渡瀬恒彦　安藤昇　志村喬　賀川雪絵　渡辺文雄

珍しや、劇画の映画化であり、これは任侠映画とも実録路線とも違う、不思議なヤクザ映画であった。腹違いの兄弟がいる。京都の舞鶴湾近くで育った二人だが、兄はヤクザの幹部、弟は両親を背負わされ舞鶴でくすぶっていた。里帰りした兄・小林旭の羽振りの良さを見た弟・渡瀬恒彦は、小林を追ってきたヤクザ・曽根晴美をばらしたこともあり、ヤクザへの道を歩もうと東京にやってくる。

阪本順治監督の『新仁義なき戦い。』でも、在日韓国人の兄弟が描かれたが、こちらは兄の布袋寅泰が、ヤクザになった弟の豊川悦司に徹底したヤクザ嫌いを示していた。この対立軸が映画の大きな見所であり、反対に『唐獅子警察』は堅気の弟が兄のよ

渡瀬恒彦と小林旭

うなヤクザになりたいところから、二人の宿命の対立が繰り広げられるというわけだ。一切兄の世話になりたくない弟は、愚連隊から縄張りを広げていく。バックについたのが、安藤昇を先陣とする関西の組。しかし、結局は小林の親分・志村喬と関西の組は手打ちをし、渡瀬が開拓したシマが安藤らの手の元に渡ることになってしまうのである。

　京都の舞鶴という風土が、映画では大きく強調される。兄弟の父は飲んだくれで、港の岸辺でのたれ死ぬ。この地域で、徹底的に差別されていた〃一家〃のようであり、その反発が兄弟のエネルギーの源泉になっていた。ラストは、まさに父がのたれ死んだ岸辺で兄弟は死闘を行う。お互いをドスで刺し合い、その光景をこの住民たちが見入っている。

　ただ残念ながら、完成度としてはそれほど高くない。兄弟の相克に、いまひとつ突っ込みがなく、雰囲気的に舞鶴の風土性が導入されている感が強かった。通常のヤクザ映画のパターンを、兄弟の対立軸で突き崩そうとした狙いは分かるが、結局はそのパターンにからめとられた作品であった。

▼七四年……………………65点

【脱獄・広島殺人囚】

監督：中島貞夫　脚本：野上龍雄　撮影：赤塚滋
音楽：広瀬健次郎
出演：松方弘樹　西村晃　小松方正　大谷直子　梅宮辰夫　伊吹吾郎　渡瀬恒彦　若山富三郎

　実録路線の産物だが、これは東映得意の刑務所もののバリエーションの一つと見たほうがいい。時代は昭和二十二年。覚醒剤がらみのトラブルから広島刑務所に入った一匹狼・松方弘樹が、何度も脱獄しては捕まる様を、かなり克明な刑務所の描写を織り交ぜながらたどっていく。最初の脱獄がいい。脱獄犯が隔離して入れられる一戸建ての〃稲〃監房にまんまと移った松方が、房内にある便所の小さな穴を時間をかけてこじ開ける。糞まみれになって、外に

渡瀬恒彦と松方弘樹

つながっている糞溜めの穴から這い上がろうとするのだが、腰がつかえて出られない。看守が見回りに来る。うまくやり過ごした松方は、なおも出ようと努力するが、ダメである。ジリジリする松方。イチかバチか、全身の力を出して、やっとのこと腰が上がった。しかし何と、腰のあたりは血だらけになっていた。

二度目の脱獄は、一人ではなくて数人で行う。松方、梅宮辰夫、西村晃。他の四人への根回しに、野球ボールに細工して手に入れたタバコを分け与える描写がいい。三人が房の鉄柵をはずし、外に出て今にも壁によじ登って外に出ようとする時、看守がやってくる。それを雑居房から見ていた囚人の若山富三郎が、気をそらすために火をつける（火のつけ方はタバコのシーンですでに説明されている。電球をとって、放電しているところに綿をあてると火が出る）。この機転によって刑務所内は緊急事態となり、松方らは逃げおおせることになるのだ。

脱獄そのものの描写以外でも、注目すべきシーンがあった。脱獄した松方が、四国にいる妹・大谷直子のところに身を寄せるのだが、大谷の仕事というのが、牛の屠殺を手引きすること。屠殺のちゃんとした許可をとっていない〝三国人〟（大谷のセリフに出てくる）の室田日出男、川谷拓三らが、大谷の家の裏で隠れて牛の肉を剥ぐ。大谷は、彼らから手間賃をとっており、肉体も提供している。こうした不法屠殺者を、松方は逆におどしてリーダーになってしまう。このあたりの描写が実に生々しい。

　その後も松方は何度も脱獄を繰り返す。面白いのはその捕まり方で、彼は何ともあっけなく捕まってしまうのだ。映画の狙いは自由気ままな松方の脱獄劇を追っていくというより、どうしようもない人間の業のようなものを描くことだろう。深刻さも湿っぽさもなく、ただひたすら生きていかんとする松方の行動力。この野人のような生命力が、実録路線のヤクザ映画の野放図な魅力と大きな共通点があった。

▼七五年……………58点

【日本任侠道 激突篇】

★

監督：山下耕作　脚本：高田宏治　撮影：古谷伸
音楽：八木正生
出演：高倉健　渡辺文雄　大谷直子　北大路欣也　宍戸錠　藤山寛美

　任侠道の様々な形を見せてくれる。たとえば、北大路欣也扮する渡世人は、世話になっていた組の出入りが始まったために、単身敵方へ殴り込みに行く。そのシーンが、かなり説明的に描写されている。

　白いさらしが入念に巻かれる。これは、もちろん緊張を少しでも解きほぐすために、気を引き締めるという意味がある。と同時に、相手方との斬り合いの中で自身が傷を負った場合に、出血をそのさらしで食い止める役割もある。これらの描写と平行して、ナレーションがそうした意味を説明していく。

　出入りの果たし状を、敵方に持っていくヤクザも描かれる。この場合、このヤクザは敵方にぶっ殺されても文句は言えない。それほどの大役であり、よほど肝っ玉が座っていないと、ビビってしまって敵方になめられることになる。緊張した面持《おももち》のそのヤクザは、見事口上を述べて果たし状を渡した。幸いにと言おうか、彼は殺されることはなかったのである。

そのような任侠の類型的なシーンが幾つか描かれた後には、定番の殴り込みが待っている。この映画では珍しや高倉健が親分を演じており、もちろん健さんが敵方に出向いていく。お定まりの斬り込みシーンはそれほど見応えはないが、ラストで日本間に一人たたずんだ健さんの足元の畳が、すうっと真っ赤になっていくのが異色だった。鈴木清順監督の『関東無宿』（六三年、日活）で、小林旭が立ち向かう障子の色が真っ赤になったことがあったが、明らかにこの影響が感じられた。仁侠のマニュアルを描くという狙いがこの『日本任侠道　激突篇』にはあり、監督の山下耕作は、そうした会社からの要請に対して少しでも意地を見せるつもりで、東映ではタブーの〝清順調〟を取り入れたのであろうか。

大谷直子と高倉健

▼七五年……………………95点

【仁義の墓場】

★

監督：深作欣二　脚本：鴨井達比古　松田寛夫　神波史男
撮影：仲沢半次郎　音楽：津島利章
出演：渡哲也　梅宮辰夫　ハナ肇　多岐川裕美　安藤昇　芹明香
今井健二　郷鍈治

私がいまだに深作欣二監督のベストを争う作品と信じて疑わない作品。実はこの作品を私は、七五年に、封切り時に歌舞伎町東映で観ている。観ている最中から体中震えが止まらず、併映の千葉真一主演作『少林寺拳法』を挟んでもう一回観てしまったのだ。映画館を出た私は、茫然自失のまま歌舞伎町を歩いていたと思う。帰り際、私は「大笑い、三十年のバカ騒ぎ」という映画のラストで刑務所の壁に書かれていた主人公の言葉を反芻していた。映画を観る私自身の価値基準が、ここで大きく固まった。と、カッコつけて言うより以前に、体が映画の主人公のほうに惹きつけられていったのだ。もうこの映画を

田中邦衛と渡哲也

観るのはよそうと誓った。何故だかわからない。自身の中で、この映画を再見することを拒む何かがあった。事実、その後一度もこの作品を観ることがなかったのである。

——そしてこの二〇〇一年、今回の単行本のため、実に二十六年ぶりに『仁義の墓場』を新宿・昭和館で観た。意外なことに気がついた。当時、主人公・石川力夫を演じる渡哲也のただひたすら落ちていくその〝生きっぷり〟に、自身の暗い情動を重ね合わせていた私だったが、実に意外なことに映画の前半は通常のヤクザもののスタイルを維持していたのである。当時観た強烈な印象から全編、石川力夫の破滅のドラマだと思っていたものが、前半はそれほどでもなかった。つまり、映画の前半と後半ではガラリとその趣が変わっていた。前半は〝三国人〟(映画はこの言葉で、朝鮮人、台湾人など戦勝国側になったアジア系の国民を指していた)らと戦うヤクザ組織の中で、少々ハネっ返りの石川という位置付け。これはまあ、通常のヤクザもののパターンを踏んでいるわけだ。それが後半になると一気呵成、まさに肺病(愛人となる多岐川裕美からうつされる)、シャブづけの石川がムチャクチャな自暴自

渡哲也

棄ぶりを発揮していくことになる。

今回観て、明らかに前半と後半のトーンが変わっている印象を持った。後半の落ちていく過程が極端なのだ。そしてその、通常のヤクザ映画のパターンを打ち破った極端さこそが、この作品をヤクザ映画史上突出すべき傑作に押し上げたとも言える。後半の異様さは、ほとんど石川のセリフがないことから生まれたと思う。釜ヶ崎で娼婦（芹明香）からシャブを教えられ、自殺した愛人・多岐川の墓を作り、さらに愛人の骨をかじりながら親分（ハナ肇）に金をむしる無言の石川を演じる渡哲也は、まさにその存在そのもので画面をよぎり、刑務所の高台から飛び降りていくのである。映画史上でも類のないほど凄絶な人間劇だったと言えるだろう。

■

▼七五年……………………93点

【県警対組織暴力】

★

監督：深作欣二　脚本：笠原和夫　撮影：赤塚滋
音楽：津島利章
出演：菅原文太　金子信雄　松方弘樹　梅宮辰夫　成田三樹夫
佐野浅夫

実録路線の中で燦然と輝く傑作であり、日本映画史上の中でも特筆すべき作品であると言っていい。まず笠原和夫の脚本が圧倒的である。『仁義なき戦い』シリーズで一つの頂点を極めた笠原脚本だが、本作ではさらに新しい局面を出している。世界像を網の目のような人間関係として提示し、そこにおける権力構造をダイナミックなドラマ構成の中で浮上させていく笠原の脚本が見事だ。その脚本を、監督の深作欣二が伸縮自在の演出で練り上げ、そこにさらに俳優たちの演技の厚みが加わる。

昭和三十八年の倉島市（という架空の都市）が舞台。この作品は、映画の半ばあたりに登場する県警のエリート警部補・梅宮辰夫と、彼に敵対することになる地元警察の巡査部長・菅原文太の関係がドラマの基軸になる。もちろんそれ以前には、ヤクザに肩入れする菅原や刑事の佐野浅夫らと、菅原を利用してまんまと競売の土地を手に入れてしまう組の親分・松方弘樹の癒着が描かれるが、俄然面白くなるのは梅宮が登場して以降である。

この両者の対決は、非常に面白い。典型的なエリートと下積みの巡査部長。梅宮は柔道の猛者でもあり、さらに政治手腕、人間懐柔策でも抜群の力量を見せる。ヒラの佐野が梅宮に反抗して投げ飛ばされ、辞表を出すのも束の間、佐野は〝生活のために〟当の梅宮の紹介で別の職につくのを受け入れてしまう。松方側の子分である成瀬正をしょっぴくや、裏取引をしてスパイに仕立て上げてしまうやり方など常道とはいえ、それをまさに平然とやってのけていくところの梅宮の非情さがとにかく圧巻なのだ。

菅原はこうした手練手管に対して、最後は繰り言をとうとうと述べるしかない。「十八年前(敗戦直後)、上は天皇陛下から下は赤ん坊まで、横流しの米食らって生きてきたんで。あんたもその米で育ったんじゃろうが、おう。きれい事言うんじゃったら、十八年前の罪を清算してから、うまい飯食ってみいや」。これを同僚の汐路章は「そんなアカみたいな

梅宮辰夫　　山城新伍　　菅原文太

言い草」と批判するが、梅宮はここでもあっさりと、「あんたが言いたいのはそれだけか」と一蹴してしまうのだ。

この対決と並行して、本来のドラマの中枢部分、菅原と彼が肩入れする松方の同志的関係が描かれる。「あんたの旗を立てる。一生それを立て続ける」と言う菅原は、松方に戦中派の共通意識を読み取るのだ。一方が刑事で一方がヤクザ。梅宮に対して吐いた言葉そのままに、戦中から戦後の混乱期、戦争責任の所在があいまいなままのこの日本の中で、唯一頼れるべき人間として菅原は松方に加担するのである。

その信頼関係も、梅宮らの徹底介入によって瓦解する。殺人者、犯罪者への菅原の共感は、冷酷な梅宮らの犯罪捜査の前に崩れざるをえない。というより、警察権力側に所属している菅原の立場が松方に疑われ始め、「あんたも説教を言うようになったんか」と松方は、菅原の立場と人間性を否定し始める。冒頭でチンピラたちの出入りを見逃して、中の一人に特に肩入れした菅原が、後半、そのチンピラが犯した罪をさらに今一度見逃してやるのだが、あっさり梅宮らがチンピラを見つけてしまう。ここでチンピラは、菅原に言うのだ。「いいかっこうしやがって。自分で挙げりゃいいじゃないか」。

こうした人間同士の深い断絶の描写が、この作品の素晴らしいところである。ここでは立場の違いが、人間同士の共感性をもぎとってしまうのだ。わかり合うことの難しさ。松方はラストで菅原に向かって言う。「わしは、おんどりゃの〝旗〟なんかじゃあるかい。わしはわしの〝旗〟ふっとるんど」。この言葉の意味は限りなく重い。梅宮はその後、天下って大企業の幹部となり、菅原は派出所勤務となる。菅原には、何とも後味の悪い死が待っているのは付け加えるまでもない。

深作の演出も見事だが、笠原の脚本には本当に感服した。名セリフがいっぱいつまった作品としても圧巻なのだが、中でも菅原、佐野、松方らがキャバレーで怪気炎を上げるシーン。万年刑事の佐野が「極道じゃ警察じゃ言うて変わりゃせんよ。仁義の代りに法律がモノ言うとるだけで。中身言うたら、就職にあぶれた売れ残りじゃけん」。これを受けて松方の子分・室田日出男も「俺たちは、集団就職の売れ残りじゃけん」。

ラスト近く、追いつめられた松方らに菅原が説得役として送り込まれるシーン。梅宮から条件をとりつけて説得にあたる菅原に松方は、「あんたも向こう先の見えん男じゃのう。上に吐いたツバ、下に落ちんと思うちょるんか。ポリのあんたじゃ、わからんじゃろうがの」。このちょっと前にも、松方に向かって菅原が「あんたの頭はコンマ以下じゃ」と言えば、室田が「あんたは番犬以下じゃろが」とかみつくシーンもあり、セリフのやりとりでこれだけ興奮させられる作品はそうざらにあるもんじゃない。日本映画史上でも稀な、濃密極まるセリフが満載の作品であった。これも付け加えておくなら、津島利章の音楽が絶品である。

■

▼七五年……76点

【日本暴力列島 京阪神殺しの軍団】★

監督：山下耕作　脚本：松本功　野波静雄　撮影：山岸長樹
音楽：八木正生
出演：小林旭　梅宮辰夫　伊吹吾郎　成田三樹夫　中島ゆたか
室田日出男　金子信雄

五二年の大阪・鶴橋。在日朝鮮人のアジトを襲ったあるヤクザ組織は、そこで執拗に食い下がった在日朝鮮人の梅宮辰夫を傘下に入れる。ヤクザ組織と言っても、組の末端に位置しているような愚連隊仲間で、そこのリーダー格が小林旭。復讐を仕掛けてきた梅宮に、「俺と同じ血が流れている」と説きふせる小林。この一言でころりと梅宮が参ってしまう。

その後簡単に他の組織になびいてしまう小林らの親分・室田日出男と、別組織の小松方正の言い草が奮っている。小林と梅宮が、見境のない室田に愛想をつかすシーンで、小松曰《いわ》く。「怖いのお、あっちゃらのやつら、恩義というものをまるで知らん」。これを受けて室田が「食いモンが違いますわ、食いモンが」とダメを押す。頭に来た梅宮が突っかかりそうになるや、それを小林がなだめるのだが、冒頭近くではこのように、在日朝鮮人の存在が非常に大きな役割を果たす。

室田を殺害して刑務所に入った小林は、三年後保釈で出てくる。ここに待っていたのが、関西の大組織・天声会。そこの組親分・遠藤太津朗に買われた小林は、天声会の鉄砲玉として全国制覇の先兵役となるのだ。組からの目付け役・成田三樹夫とともに、小林らはまず山陰に出かける。ここを制して、金沢、奈良、そして東北一帯を荒らし回った後、難所といわれた岐阜・柳ヶ瀬に事務所を構える。安部徹、今井健二らの地元ヤクザと対立するも、結局は岐阜を手放さざるをえず、小林、梅宮らは遠藤、成田らへの不信感を募らせることになる。

まさに実話として〝殺しの軍団〟は実在し、故に実録路線の面目躍如たる作品と言っていいだろう。在日朝鮮人のヤクザ映画という興味深い視点は、冒頭付近でほぼ消え、中盤から後半にかけては大組織に操られる鉄砲玉ヤクザという〝組織論〟が描かれる。かなり単純化された図式になっていくのが惜しいのだが、それでも「引いたら負けだ」という小林らの〝哲学〟に裏打ちされた行動力はなかなか見応

成田三樹夫　梅宮辰夫　小林旭

えがある。ただし、これを在日朝鮮人の血というふうにはさせず、ヤクザ一般の突進力に持っていったのは何らかの自主規制があったたか、別の計算があったたか。個人的には、冒頭であれほどこだわりを見せた在日朝鮮人への視座が、後半めっきりと削ぎ落とされていったのが残念だった。

それはともかく、本作は俳優起用や監督について様々なことを考えさせてくれる点でも貴重な作品だ。意外や小林旭主演の東映作品というのはそれほど多くないのだが、小林は中村錦之助（『日本侠客伝』での）と同じように非常にソフトな俳優資質があって、ハード面が強調される実録路線で主役を張ると、映画全体に得も言えぬ雰囲気が漂う。こうした俳優資質を持つ小林を、これも全体にしっとりとした情景描写や人間描写を得意とする山下耕作が演出するのだから、タイトルからうかがえる凶々しさとは少し違った内容の作品となっているということが言える。

大組織の組長となる遠藤太津朗はともかくとして、往年の任侠映画で悪役に徹した安部徹、天津敏、今井健二らが、小林らにシマ荒らしをされる側に回っているのも面白い。往年の任侠映画であるなら、田舎の老舗ヤクザが善で新興のヤクザが悪なのだが、この作品ではその逆転が起こっている。それに伴って、悪をそれまで演じてきた俳優が被害者に回る。まさに実録路線とは、任侠映画の枠組みを引っくり返しているのであり、そのことをこの『京浜神殺しの軍団』はよく表していると思う。

ラストのナレーション、「（小林は）天声会から破門された。彼はもともとすべてから破門されていたのだ」の意味は、冒頭付近の在日朝鮮人の視点に立ち戻るということなのだろうか。

■

▼七五年……70点

【暴動島根刑務所】

★

監督：中島貞夫　脚本：野上龍雄　撮影：増田敏雄
音楽：広瀬健次郎
出演：松方弘樹　田中邦衛　金子信雄　北大路欣也　室田日出男
川地民夫

『脱獄・広島殺人囚』（七四年）を引き継いでいると思われるシーンが幾つかある。ヤクザとのトラブルで服役した松方弘樹が脱獄して捕まるシーン。映画館が最後の行き場だったのが同じ。しかし、本作のほうがその描写においてえげつなくなっている違いはあったが。さらに、脱獄の仕方に『強盗放火殺人囚』（七五年）と全く同じシーンがあった。刑務所の幹部宅へ、囚人が手作り工作の家具を届けてそのまま逃げようとするやり方。こちらは、夫人へ挑みかかってそのまま捕まってしまうのだが。

そうした脱獄、服役を繰り返す松方が、今回も派

松方弘樹

手な〝パフォーマンス〟を繰り広げる。凄まじいのは、食事の打ち切りで囚人たちが騒ぎ出すシーンだろう。「飯よこせ、飯よこせ」と松方が絶叫する中、他の囚人たちもこれに呼応し、看守の室田日出男に挑みかかった松方の行為に引きずられる形で囚人たちは牢外に飛び出す（牢のカギが彼らの手に入る）。ここからが、まさに〝暴動島根刑務所〟。看守たちとのにらみ合いが続く中、囚人たちは刑務所内であらんかぎりの狼藉を働く。

ここに出てくるのが、囚人たちの一人・北大路欣也。北大路は保釈中に事件に巻き込まれ、何とかここを早く出たいと思っている。看守たちの信頼も厚い彼は、この騒動で懲罰を与えないことを条件に刑務所側と勝手に取引をする。もちろん松方は全くあずかり知らないことだが、条件を呑ませた北大路は、松方と勝負して囚人たちを引き下がらせる。しかし、結果は最悪だった。事件の張本人として、北大路と松方の二人だけが、網走に送られてしまうのだ。

『脱獄・広島殺人囚』に続いて、中島貞夫演出は好調である。囚人＝善、刑務所＝悪の対立図式が徹底していて、今回も監房から出たい一心の松方、北大路の行動力に大きな視点が置かれている。二人のやり方は全く違うが、とにかく脱出したい願望の強さの点で共通している。〝暴動〟はそれを彩る付属品に過ぎない。またここでは、犯罪者の罪の意識というものも問われない。東映ヤクザ映画一般にそれはあるが、刑務所を舞台にした作品になると、それが一段と鮮明になる。懲罰の場である刑務所というものが、ただ単に脱出の舞台装置に過ぎないのだ。こうしたドラマが全く当たり前に作られていたのは、七〇年代半ばという時代性が非常に大きい。

つまり当時は、刑務所というものが権力の仮の姿として捉えられていたということだ。それはまさに当然のごとく悪であり、そこから脱出する心意気は正義であるとする描き方。観客もまた、その図式を所与のものとして認識しており、それがエンターテイメント性に通じていた。今観れば、その楽天性にはただひたすら驚かざるをえない。とともに、その〝信仰〟には一種の力さえ感じる。現代では作りえない作品と言えるだろう。

▼七五年……66点

【暴力金脈】

★

監督：中島貞夫　脚本：野上龍雄　笠原和夫　撮影：増田敏雄
音楽：津島利章
出演：松方弘樹　梅宮辰夫　田中邦衛　小沢栄太郎　若山富三郎
丹波哲郎

ヤクザもからむが、純然たる総会屋映画と言っていい。冒頭がまず秀逸だ。汚いアパートで、男女が重なり合って寝ている。目覚ましが鳴り出すや、シミーズ姿（！）の女をはねとばして男が起き上がる。眠り続ける女を尻目に、男は身支度を始める。そこで男は、軍艦マーチをかけるのである。飛び上がる女。隣の部屋から「静かにしろ」の声がかかる中、男は株券を取り出し外に繰り出す。通天閣をバックに、男は「ファイト、ファイト」と言いながら走り始めた。男は松方弘樹、女はなんと絵沢萠子。

松方は駆け出しの総会屋。バックも何もなく、出向いた建設会社でベテラン総会屋の小沢栄太郎と出会い、弟子入り。そこの幹事総会屋の田中邦衛の妨害を企む。しかし失敗して小沢は引退し、その志を受け継いだ松方は知り合いでもあった関西ヤクザの梅宮辰夫の助けを結果的には受けて、総会屋として本格的な活動を開始する。大阪の銀行を手玉にとり、東京に進出するや大物総会屋の丹波哲郎にも反旗を翻して、一匹狼の底力を発揮していく。

前半がとにかくいい。小沢と組んで、建設会社に出かけるや、松方はスピーカーでそこの社長の誉め殺しをする。五万円の〝賛助金〟をもらうや、「五万円有難うございました」と大きな声で言い放つでたらめさ。田中邦衛を総会に出席させないために、学ラン（！）の若者を多数動員して決死の覚悟で妨害。しかし、田中とともに階段を転げ落ちて、ケガをしてしまう。同じようにケガをした小沢から、総会屋として生き残る四原則、〝声が大きいこと〟〝会社法を勉強すること〟〝商法を勉強すること〟、そして〝総会の進行の絵図を書けること〟を伝授されるあたりのバカバカしさは、なにやら『姿三四郎』のようだった。

松方弘樹

松方と梅宮の再会もいい。猫とりをしてせこく稼いでいた松方とその業者のところに、梅宮らヤクザの一党がやってくる。〝姉さん〟の猫が、猫とりに

さらわれたので探しにきたのだ。もちろん、その猫はすでに死骸になっていた。二人はしばらくして知り合いだったことに気づくのだが、再会して二人で酒を飲んでいる時、食べ物に猫の肉が出てきて、それを知らない梅宮が肉を吐き出すのは常套とはいえ、なかなか笑わせる。

　後半は、脚本家・笠原和夫（野上龍雄と共作）得意の経済がらみの権謀術数が描かれる。ただちょっといただけないのは、松方が狙った会社の社長・若山富三郎のスキャンダルを、近親相姦がらみにしたことと、ラストの総会で少々人情っぽく松方を描いてしまったことだ。前半の破天荒さを、そのまま終盤まで持っていってほしかった。そうは言っても、実録路線とはまた別の路線を開拓しようという製作側の意図が、充分にうかがえる野心的な作品であったことは間違いない。

　いいセリフがあった。大物総会屋の丹波が松方に言う。「ゴルフコンペや酒の付き合いをお偉方とするが、誰一人俺を人間として見ている奴はいねえ。財界の奥座敷はなあ、一年中湿った座布団の上に座っているようなもんだぜ。育ちの良くない奴らには

体に毒だ」。あの『金融腐蝕列島　呪縛』など足元にも及ばない、迫力の企業ドラマであった。『仁義なき戦い』シリーズとは一転した津島利章の軽快な音楽も耳に心地良かった。

▼七五年……54点

【強盗放火殺人囚】

監督：山下耕作　脚本：高田宏治　撮影：赤塚滋
音楽：青山八郎
出演：松方弘樹　若山富三郎　ジャネット八田　沼田曜一　石橋蓮司

東映のビデオリリースには、〝刑務所〟シリーズ第三弾とある。『脱獄・広島殺人囚』（監督・中島貞夫）、『暴動島根刑務所』（監督・中島貞夫）に続く第三弾というわけだが、私が当時それらの映画を立て続けに観ていた時は、そういうシリーズ云々はあまり関係なかった。実録路線の延長として、刑務所ものというより、刑務所の内外を舞台にした過激な人間ドラマとして観ていた感が強い。

本作は凶々しいタイトルのわりには、意外に大人しい内容を持っていることがまず言える。脱獄の手口は『脱獄・広島殺人囚』ほどの苛烈さがなく、刑務所内の描写にしても、『暴動島根刑務所』のような荒々しさがない。これは、本作が山下耕作監督によることが原因だろう。任侠映画から実録路線に移りゆく過程で、当時この監督の役割は非常に微妙なものになっていた。任侠映画スタート時の小沢茂弘監督に近い存在とでも言おうか。様々なバリエーションの企画が山下のところに集まり、山下はどれも無難にこなしていたように見える。

深作欣二、中島貞夫に代表される実録路線の監督たちは、己の様々な思いをそこにストレートにぶつけることができた。しかし、任侠映画路線の中で一つの頂点を築いた山下耕作は、深作、中島らとはその〝志〟を共有することはなかっただろう。しかし、歴然と企画は回ってくる。企業内監督として、それを拒絶することはできない。ただどうしても、そこ

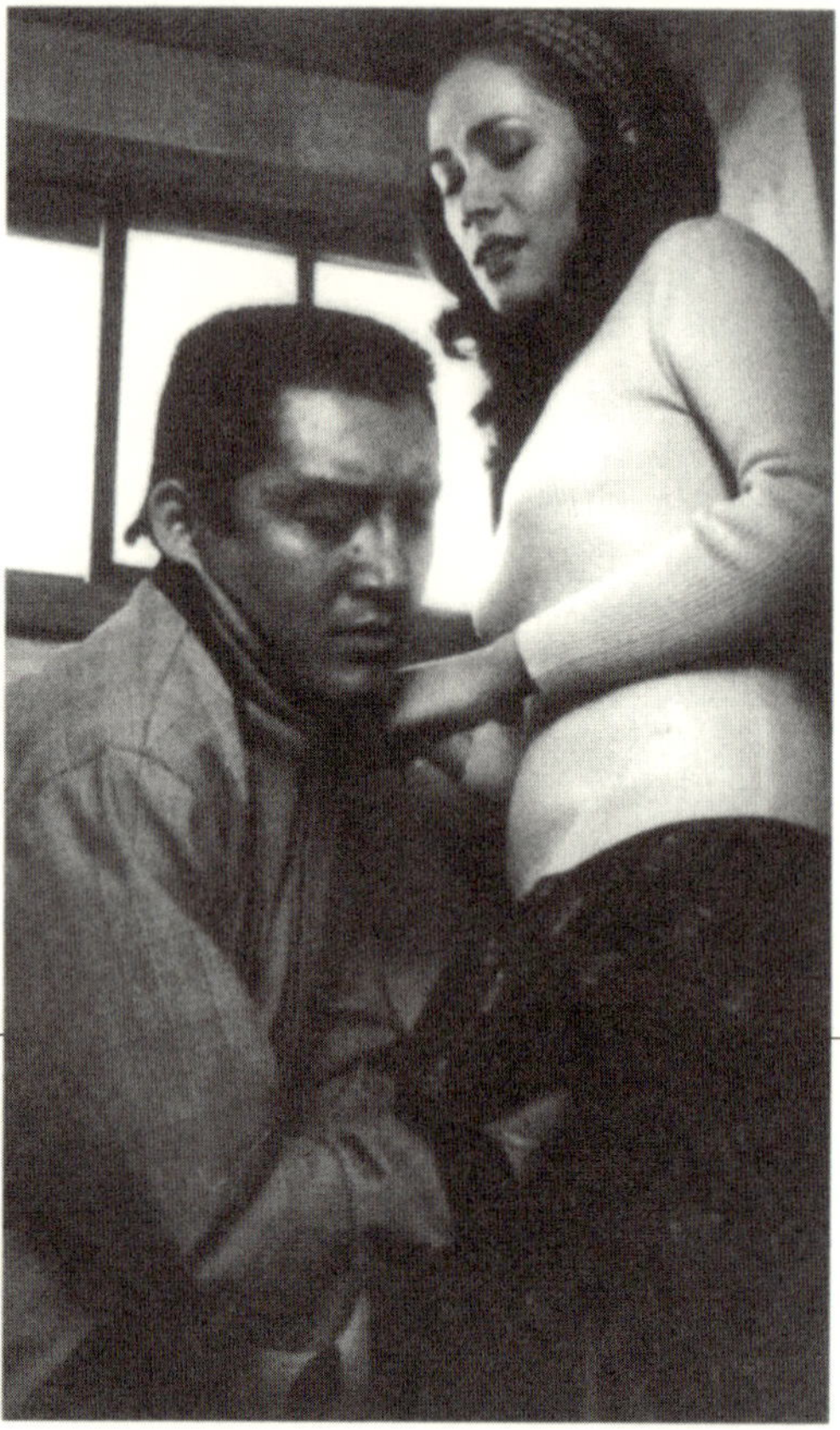

に自身の思いを投影させる術が見つからない。結果、ある種の交通整理的な演出に終始することになってしまう。

本作は残念ながらそうした山下の置かれている難しい位置が、かなり如実に出てしまったように思える。演出の中で、ここぞと言える際立ったシーンがほとんどないのだ。六〇年代後半に山下は、東映のエース格として様々な作品を監督した。ただそこには、任侠映画という確かな彼の持ち場があったため、ある種のバランスが保たれていた。それが実録路線の時代に入ると、大きく崩れ出す。

本作でのちょっとした面白みとして、当時モデルとして人気のあったジャネット八田が出演していることを挙げておきたい。囚人・松方弘樹の愛人なのだが、彼女のモデル顔が、映画の内容と全く合わないのがおかしい。ジャネットは、七五年に神代辰巳監督の『櫛の火』に出演して話題となり、本作の出演に結びついたのだろう。下手なことこの上ないのだが、当時の雰囲気を伝えているという意味では貴重な出演だった。そして『暴力金脈』（七五年）にも出ていた五十嵐めぐみ（森田めぐみという女優名になっていた）が、松方に犯されそうになる令嬢役に扮している。こちらは堂々と脱いでいるのが立派である。

ジャネット八田と松方弘樹

▼七七年……62点

【やくざ戦争 日本の首領(ドン)】★

監督：中島貞夫　脚本：高田宏治
撮影：増田敏雄　音楽：黛敏郎　伊部晴美
出演：佐分利信　鶴田浩二　松方弘樹　西村晃　高橋悦史　内田朝雄　菅原文太

東映ヤクザ映画の転換を示唆した作品である。企画の俊藤浩滋は『任侠映画伝』の中で、「(同作品は)任侠映画でも実録ものでもなく、両方の折衷みたいなシャシン」と言い切っている。転換の意味はまさにここであり、七七年の時点ですでに確実に行きづまっていた実録路線の〝次〟にきたのが、この「折衷」だと考えられる。明らかに現実の山口組の全国進出が、映画の下地になっている。しかし「折衷」だから、フィクション部分も相当多い(と思われる)。

意外に重厚な作品になっているといっていいだろ

佐分利信と鶴田浩二

う。物語の基軸は、大阪の大組織の首領・佐分利信とその家族関係、そして佐分利信と若頭・鶴田浩二のある種の確執である。ただその確執より、家族関係に大きな視点が当てられているのが、それまでのヤクザ映画と大きく違う点だろう。ただこの部分は、いささかつまらない。血がつながっていない娘二人のうち、姉は医師と結婚、妹は好き勝手に男を漁っている日常。それを淡々と見守っている首領（ドン）という図。これはちょっと情けない。この家族関係の中から、娘婿となる医師・高橋悦史が首領に加担していくのが一つの見所になっている面白さはあるのだが、家族ドラマ自体に目新しさはない。

私が本作で一番興味があったのは、若頭・鶴田浩二の存在である。任侠映画の中心人物であった鶴田が、この作品では以前では考えられないくらい理不尽な役回り。任侠道に裏打ちされる〝正義感〟が彼の持ち味だったことに、異論のある人はいない。それが今回、徹底して組の勢力拡大に邁進する男というふうに描かれており、鶴田はその役をちょっと今までは考えられないくらいの冷徹さをもって演じている。何か、鶴田の今までのモラルが瓦解してしまったかのような変わりようなのだ。

実録路線後の鶴田浩二と見ることができるのだろうか。高倉健とともに、実録路線に乗ることがなかった鶴田が、前記「折衷」の映画に出ると、冷徹さを伴った、今までのモラルが瓦解してしまったような役柄を演じることになる、と言っていいのだろうか。しかしどこか、この作品での鶴田は居心地が悪いように見えた。大先輩である佐分利信に遠慮したということもないだろうが、大量にある鶴田出演のヤクザ映画の中で、だから本作は独自の位置にある気がした。

▼七七年……73点

【北陸代理戦争】

★

監督：深作欣二　脚本：高田宏治　撮影：中島徹
音楽：津島利章
出演：松方弘樹　野川由美子　成田三樹夫　千葉真一　西村晃
高橋洋子

製作・公開時の七七年という年に注目したい。『仁義なき戦い』に始まる実録路線は、すでに七七年ごろでは末期の色が見えてきていたのだろう。任侠映画が、少なくとも十年近い命脈があったとするなら、実録路線はたかだか三〜四年で一つの転機を迎えた。同時代に実録路線の映画を観ていた私にしたら、実感としては『仁義なき戦い』シリーズをピークに、あとのバリエーションはその残滓であった気がする。もちろんその中から傑作、力作の類は出現した。しかし、観客とともにある〝路線〟という意味でなら、やはり『仁義なき戦い』シリーズがピークであった。実録路線は、まずこの点で任侠映画路線と大きな違いがあったと言える。

本作の面白さは何と言っても舞台設定を北陸に持っていったことにある。時代は六八年。冒頭は、北陸の荒れ狂う海のシーンだ。そしていきなり雪の大地に埋められたある一家の親分・西村晃の首が丸写しになる。これをジープで狙っているのが若頭の松方弘樹だ。強引なファーストシーンである。山守親分と子分たちとの確執が大きな物語の基軸になっていた『仁義なき戦い』から四年。親分・西村は、すでに松方の手の中に入っているのだ。ここで松方は、「あんたは神輿《みこし》じゃないの」と西村に向かって言うことはない。口にするまでもなく、それは自明のことであり、だからこそ西村のほうも山守・金子信雄のような手練手管を弄することができない。親分・子分の関係が、最初から崩壊している。それを、路線の一つの決着点として無意識ながら描かれてしまっているのが本作なのである。

地域の移動は、そのためにも必要だった。荒れ狂う北陸の海が、まさに組織の在り方そのものの崩壊を表している。深作欣二の監督作品としては、それ

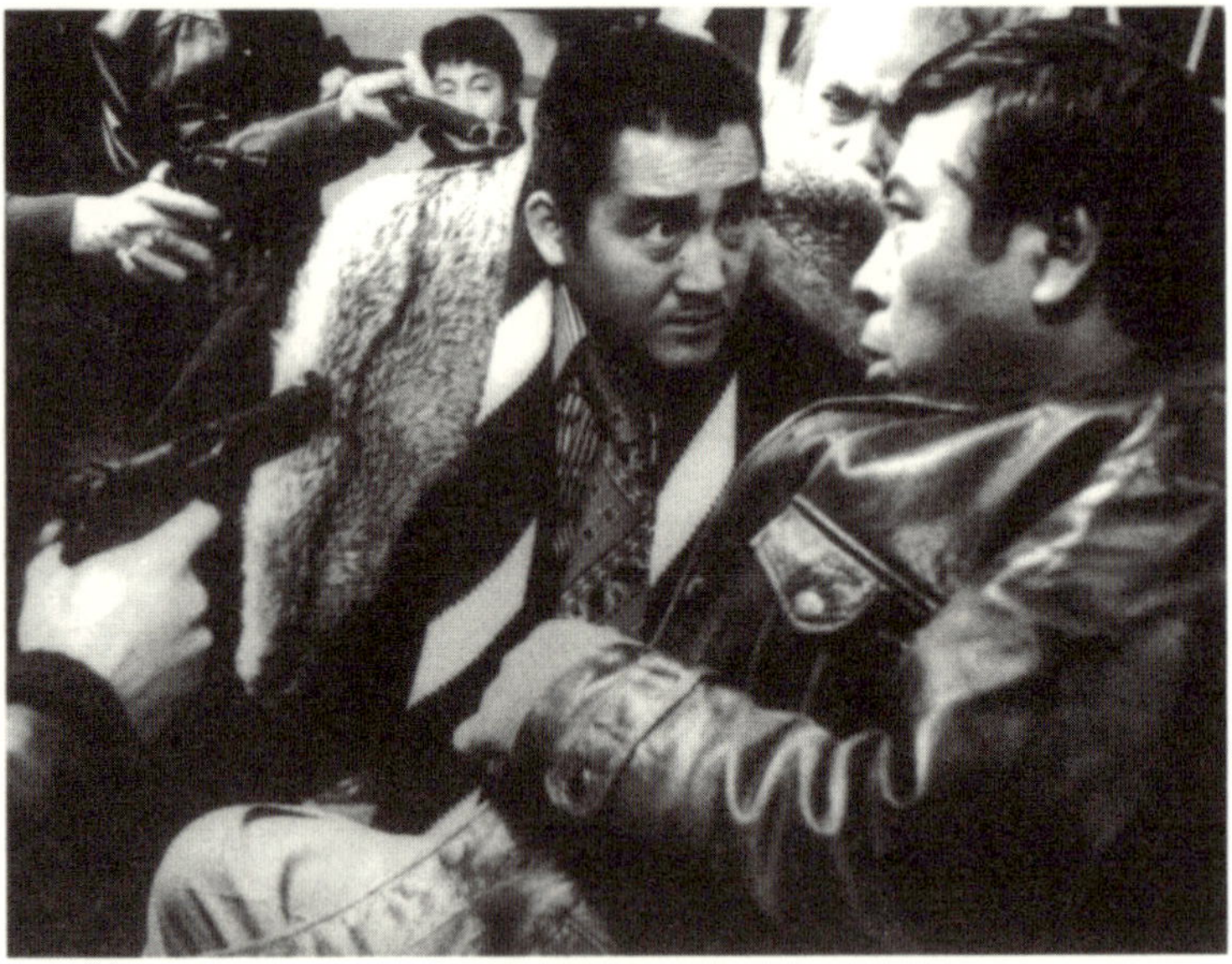

松方弘樹とハナ肇

ほど突出した内容ではないが、路線の一つの道筋として観ると、独特な味わいがある作品ということになる。

松方と敵対するヤクザの組員となった地井武男の妹に高橋洋子が扮している。『旅の重さ』（監督・斎藤耕一）などの若手女優として異彩を放っていた高橋だが、松方とデキてしまって怒った地井が、仲間たちの手を借りて彼女をなぶりものにしてしまうシーンが出てくる。任侠映画では、妹というのは実にシンボリックな意味があったが、何と本作では兄が妹を凌辱するところまでその倫理性は崩れてしまっているのである。

殺伐とした、画面から死臭のようなものが漂ってくる作品。暴力描写というより、作品全体の〝思想〟がそれを促している。ラストで京都から出っぱってきた組の親分・遠藤辰雄の「盃をどう考えてるんや」に対し、松方は「飢えている狼に、盃も血もありゃせんのよ」と決めの言葉を吐くのみなのであった。

▼七七年……45点

【日本の仁義】

★

監督・脚本：中島貞夫　脚本：神波史男　松田寛夫
撮影：増田敏雄　音楽：青山八郎
出演：菅原文太　鶴田浩二　岡田茉莉子　岡田英次　藤田進
千葉真一　林隆三

『やくざ戦争　日本の首領』に引き続いて同年の七七年に製作されたヤクザ映画の新路線（?・）。関西、山陽のヤクザ組織間の抗争に、電鉄会社の利権がからむ。藤田進から二代目を継いだ菅原文太の組と、成田三樹夫らを擁する佐藤慶を親分にした組との対立。電鉄会社社長に岡田英次。その電鉄会社のスキャンダルをすっぱ抜こうとした三流新聞記者の林隆三が、菅原の若頭・千葉真一に逆にそのネタを使われてしまうのが映画の冒頭シーン。

残念ながらこの新路線、本作で早くもその命脈が長くないことが分かってしまった。本来なら、電鉄会社の位置を映画の中で大きくして、ヤクザ対企業の縮図を中心点に盛り込む題材だったはずなのに、結局は従来のヤクザ映画のパターンである組同士の抗争に終始してしまった。新路線はジャーナリスト、政治家、そして企業家といった役柄が、それまでの

藤田進　鶴田浩二　菅原文太

ヤクザ映画のパターンを崩していく重要な要素であったはずだ。それが本作では、うまく機能していない。そのような題材を演出できる監督といえば、当時では山本薩夫を措いてなかっただろう。その起用はままならなかった。おそらく山本がこの東映の新路線を監督していたら、ヤクザ映画の流れに大きな異変が起きていたと思われる。本作での中島貞夫演出は、『仁義なき戦い』を大きく意識している。ダメ親分になる菅原は、『仁義なき戦い』の広能昌三役と対比すると興味深く、さらにラストではその菅原の法要に拳銃を持った菅原の兄貴分・鶴田浩二が単身乗り込んでいく。しかしその〝やり方〟がまた中途半端なのだ。そうしたことも含めて、本作はかなり視点がバラバラになった感が強い。

■

【冬の華】

▼七八年……64点

★

監督：降旗康男　脚本：倉本聰　撮影：仲沢半次郎
音楽：クロード・チアリ
出演：高倉健　池上季実子　三浦洋一　倍賞美津子　藤田進
田中邦衛　池部良　北大路欣也

東映ヤクザ映画の分岐点になる作品であったとともに、主演の高倉健自身にとっても大きな節目となった作品であった。実録路線をやり過ごした高倉健が、ヤクザ映画の新境地を目指して脚本家の倉本聰と組んだこの『冬の華』は、いってみれば〝文芸ヤクザ映画〟であろうか。

　四十六歳の主人公・高倉健は殺人を犯した後ムショに入り、十三年ぶりに横浜に帰ってくる。組のための殺人だったが、親分の藤田進はじめ幹部の天津敏、小池朝雄、小林亜星らはすっかり安眠をむさぼっている状態。やりきれないまま組が手配してくれたマンションで暮らすことになる高倉だが、実は獄中にいる時、殺人の当の相手・池部良の娘と〝文通〟をしていた。身分を偽り、〝ブラジルのおじさん〟として娘に接触していた高倉健は、自分の姿をどうし

高倉健と池上季実子

ても娘に見せることができず悶々としている。
関西の組が横浜に進出してきた。関西の鉄砲玉の一人・曽根晴美が殺されたことから、関西は俄然横浜の藤田一家に標的を合わす。高倉は音楽喫茶で娘・池上季実子に手紙を書く日々。池上がここで手紙を書いていることを知ったからだが、同じ場所で出会うものの、二人は声を交わすことはない。チャイコフスキーのピアノコンチェルトが、ここで大きな効果を果たす。
親分・藤田がついに殺された。娘・池上への思慕に死者・池部良に犯した罪を重ね合わせる高倉は、それでも関西へ復讐を誓うことはない。堅気になることを弟分の田中邦衛にほのめかしたり、故郷に帰って親父・大滝秀治と酒を飲んだりしている。偶然から、関西の鉄砲玉をぶちのめしてしまった高倉はしかし、ついに彼を慕う寺田農、峰岸徹らの気持ちを汲んで、関西に〝通底〟していた幹部・小池朝雄に標的を狙い定めるのだった。
降旗演出はドロ臭いヤクザ映画からの脱皮を目指し、そこに詩情とロマンを織り込んだ。池部の娘・池上への思慕がかなり度を超したものであり、それは明らかに自身の罪の意識が生んだものであった。その罪の意識を前面に出すために、文芸調の装飾がこの作品には必要だったのだろう。よく見ると、ヤクザ批判というより、ヤクザ映画批判の作品になっている。親分・藤田への義理や人情から、高倉はドスを構えるのではない。本当にやむにやまれず、まさにヤクザ映画のパターンどおりにドスを抜くといった感じがヤクザ映画批判を想起させるのだ。

ラスト、小池を刺した高倉がその場を去ろうとした時、子供の声が聞こえてくる。その声に振り向いた高倉の顔がアップになり、モノクロになったかと思うと、冒頭での池部の幼い娘が浜辺で戯れるシーンがオーバーラップされる。もう一度、高倉の顔のアップになり、横に〝完〟の字が入るのだが、ここでもヤクザ映画的な殴り込みや殺しに対する（製作側の）悔恨のようなものがあらわになっている。全編、高倉は重々しく、沈痛な表情を崩さない。これがラストの苦々しい顔のアップにつながり、それはヤクザ批判というより、ヤクザ映画そのものへのアンチ・テーゼとも言えるものになっているのだ。だから、この作品にはヤクザ映画が持っていたカタルシスがない。混濁化した、非常にあいまいな情緒性が色濃くなっている。まさにヤクザ映画の転形期における、代表的な作品たる由縁である。

■

【総長の首】

▼七九年……52点

★

監督・脚本：中島貞夫　脚本：神波史男　撮影：増田敏雄
音楽：森田公一
出演：菅原文太　清水健太郎　ジョニー大倉　三浦洋一　小倉一郎　小池朝雄　梅宮辰夫　森下愛子　安藤昇　鶴田浩二

実録路線もすでに終息に向かっていた七九年の不思議な一品。昭和初期、浅草の縄張りをめぐって二つの組がいがみ合う。安藤昇を親分とする組の賭場に、何と俊藤浩滋（！）を総長に仰ぐ別の組がチョッカイをかける。こちらの幹部は梅宮辰夫と鶴田浩二。安藤と鶴田が兄弟分であり、安藤側をかばう鶴田だが、〝近代派〟の梅宮は断固このいさかいをきっかけに安藤側をぶっつぶす腹。鶴田は多数決で負け、さらに安藤側の行動派・小池朝雄が殺されるやその葬儀に堂々と出席したことで、俊藤総長から破門の憂き目に遭う。

　小池の弟として現れたのが菅原文太。菅原は小池

ジョニー大倉と森下愛子

が率いていたチンピラ軍団の頭となり、梅宮側に反抗の気構えを見せる。実はこの作品の中心部がこのチンピラ軍団の描写。三浦洋一、清水健太郎、ジョニー大倉、小倉一郎といったチンピラ群像が、前記の大枠の物語以上に熱っぽく描かれる。総長を殺そうと単身赴くのが清水。この清水をかくまい、梅宮らに断固食い下がろうとする安藤。幹部の成田三樹夫がまた日和見で、相手の梅宮に通じて最後の悲劇が演じられることになる。

　七九年前後、前記の三浦、清水らは日本映画の若手ホープとして活躍が期待されていたことをここで説明しておきたい。三浦は七八年の『十代・恵子の場合』、清水は七七年の『ボクサー』でそれぞれ東映作品の初出演を果たしている。ジョニー、小倉は主演格ではないが、当時の日本映画の重要な〝顔〟であり、本作に『十代・恵子の場合』の森下愛子が出演していたことも考えると、当時の若手ホープ総出演的な配役になっていたのである。

　だからこの作品の狙いは、従来のヤクザ映画的物語からの逸脱にある。三浦は肺病の娼婦・松田暎子を手なづけながら、なかなか接近できない貸し衣装

屋のおかみ・池玲子に愛を打ち明ける。ジョニーは、踊り子・森下愛子に〝朝鮮人〟と言われて彼女を殺してしまう。小倉は、コメディアンを目指すが挫折し、チンピラ軍団に入ってジョニーを慰める。これらのエピソードが、抗争劇と同時並行的に描かれ、新しい形のヤクザ映画が模索されているのが本作の見所といえば見所であった。

ただ総体として見れば、いささか混乱をきたしているのはいかんともし難かった。頭になる菅原とチンピラ軍団が、何ともギクシャクとした関係しか築き上げられないのがその一つ。つまり、菅原、梅宮、安藤、鶴田らのドラマ的流れと、三浦、清水、ジョニー、小倉らのそれが、ほとんどかみ合っていないのだ。ここにこそ、七九年という時代にヤクザ映画を製作することの難しさが出ている。日本映画全体の、まさに分岐点とも言える七九年なのだが、ヤクザ映画もそこから逃れることはできなかったのである。

【日本の黒幕（フィクサー）】

▼七九年……49点

★

監督：降旗康男　脚本：高田宏治　撮影：中島徹
音楽：鏑木創
出演：佐分利信　田村正和　狩場勉　松尾嘉代　江波杏子　田中邦衛　梅宮辰夫

七七年に製作・公開された『やくざ戦争　日本の首領』から始まる東映ヤクザ映画新シリーズの延長線上にあり、この〝路線〟は本作をもって早くも終幕することでも記憶されていい作品である。本シリーズ及び路線の主役格をつとめてきた佐分利信が、今回も前面に出てあの独特の風格をにじませる。佐分利の他、田村正和、松尾嘉代、佐々木孝丸、内藤武敏、有島一郎らが脇を固めているのだから、これは明らかに通常の東映ヤクザ映画とは違っている。しかし、ヤクザ映画のパターンからはずれたことで失敗作となっている点が、私には非常に面白い事態のように見えた。

児玉誉志夫を彷彿とさせる政界のフィクサーを佐分利が演じる。商社との癒着が描かれ、首相さえも牛耳る。しかし対立している政界の元老に寝首をかかれ、外為法違反と脱税で国会喚問を受ける羽目になる。ここに佐分利の配下にある右翼集団や関西ヤクザらが入り乱れるが、ついに佐分利は国会に出て右翼の意地を貫き通そうとするのである。例のロッキード事件の内実をえぐるというより、表面的な事件性をドラマの彩りにしているだけだから、そのあたりはあまり深く描かれない。映画の狙いは、むしろ佐分利配下の右翼集団と佐分利、そして佐分利の娘・松尾嘉代との関係にあるのだろう。

佐分利宅に一人の少年テロリスト・狩場勉が乱入する。足を引きずり、松尾に言わせると、その足のために佐分利を仮想敵としたというのだが、何とこのテロリストはそこで飼われてしまうのである。佐分利の門下生に田村正和がいて、田村と松尾は愛し合っているという設定。この佐分利、狩場、田村、松尾が織りなす〝人間劇〟が何とも珍妙で、結局はその視点が最

田村正和　　江波杏子　佐分利信

後までボケていた。

　こういうシーンがあった。狩場が庭先で上半身裸のままホースで水浴びをしている。これを窓際から佐分利がじっと見入っている。さらに別のところからは、松尾のそばにいた田村がこちらも狩場に見入っている。一見ホモっぽい雰囲気を漂わせているのだが、この〝三角関係〟は最後まで何が何だか判然としない。あろうことか、田村は佐分利の実の息子であり、田村と松尾は姉弟相姦（母親は違う）だということが分かるに及んで、全く収拾がつかなくなってくる。

　おそらく、任侠映画、実録路線、その折衷でもある『日本の首領』シリーズ。十年以上を駆け抜けてきた東映のヤクザ映画のこうした流れが、その行き先を目指して一種の政治内幕劇にたどり着いたのが本作なのだが、結局は東映にはその手のジャンルは不向きであったことが証明されたのだ。脱ヤクザでは、東映はだめなのである。だから八〇年代に入っても、ヤクザ映画の何らかの新路線が求められた。ある種の残滓的な面影に過ぎなかったにしても、東映はそこを起点にする以外なかったのである。

■

【制覇】

▼八二年……58点

★

監督・脚本：中島貞夫　脚本：西澤裕子　撮影：鈴木達夫
音楽：山本直純
出演：三船敏郎　岡田茉莉子　菅原文太　若山富三郎　鶴田浩二
名高達郎　秋吉久美子　中井貴恵

　関西最大のヤクザ組織のドンが撃たれた。敵対する組のヒットマンの仕わざで、若頭・菅原文太はじめ幹部連中、さらにドンの周辺警備をしていた若者・清水健太郎らがヒットマンを探し出そうとする。その過程で、ドンの家族関係が描かれる。息子・高岡健二はファッション関係の仕事、娘・中井貴恵はボランティア活動。高岡はドンの息子ということで、何かと警察などに標的にされ、中井は婚約

三船敏郎と鶴田浩二

者の新聞記者・名高達郎との交際に余念がない。

ヒットマンは何者かに消されてしまうが、それでは収まらない組幹部を前に、軽傷だったドンは抗争の終結を宣言する。その一方で一つの問題が出てきた。北陸の有力ヤクザが、関西本家の直系に引き上げられることになり、この北陸ヤクザ・岸田森と関係の深い若頭補佐・若山富三郎が、自分が無視されたとして激怒したのである。多数決で直系となることが決まり、若山は岸田にヒットマンを飛ばす。菅原はこの事態を許さず、若山を破門。屈辱をなめて若山は引き下がるも、ドンの死で跡目問題が浮上してきたのである。

組織内のモメ事とともに、ドンの家庭内のいざこざが描かれるのが本作の大きな特徴になっている。ただ残念ながら、その両者はうまくかみ合わない。ヤクザ映画に、やはりホームドラマ的描写は似合わないということだろう。中で若頭補佐の若山がただ一人、怒り、荒れ狂うヤクザを大迫力で演じていて、心に残った。ただそれを収めるのが菅原文太というのでは、ちょっと首を傾けたくなってしまったのだが。

▼八三年……73点

【竜二】

監督：川島透　脚本：鈴木明夫　撮影：川越道彦
出演：金子正次　永島暎子　桜金造　北公次

★

東映ヤクザ映画ではないが、東映が配給した独立プロダクションのヤクザ映画ということで本著に入れた。ロー・バジェット（低製作費）で、独立プロダクションを興《おこ》してヤクザ映画を作るとどうなるか。もちろんこの作品は、東映ヤクザ映画とは様々な点で違っている箇所があるが、主人公がヤクザである点において、まぎれもないヤクザ映画であった。個人的には、八〇年代の日本映画の中で非常に重要な作品の一本であると考えている。

主人公・竜二を演じるのは、この作品の公開中に急逝した金子正次。この金子の異貌と、メリハリをきかせた新人・川島透の演出が作品の大きな魅力と言っていい。金子の異貌は、かなり異様な顔色の黒

金子正次

さとそれと見事なアンサンブルを見せる歯の白さによっている。この両者が、まるで金子の生き方の明暗そのものを象徴しているように見える。突飛な想像だが、メジャーリーグにいる新庄の白い歯が矯正(差し歯)なように、金子の白い歯も矯正だったのではないか。つまり金子は、自身の異貌性を強調するために歯の矯正をしたのではないか。この推測は間違っていてもいいのだが、そう言いたくなるほど映画の金子は自身の歯を強調するのだ。どす黒い異貌とその異貌を内面から押し上げる、まさにどす黒い精神。この暗い自己世界の中で、唯一まっさらな証を白い歯に凝縮させたかった気がする。

『竜二』で私が一番好きなシーンは、堅気になって配達業に精を出す金子が、以前の仲間・菊池健二がシャブ中で死んで以降、徐々に精神の刺々しさが増してきて、ついに配達業の同僚に対して〝キレて〟しまうところだ。同僚を演ずるは笹野高史。運転中の笹野は隣にいる金子に対して、「あんたワルだったんだってね。俺もね、昔名古屋の組の男に可愛がられてね」と言うや、金子が笹野の手にタバコの火を突き刺し、「それが、何だってんだ」と凄むのである。

その〝前フリ〟として、アパートで妻の永島瑛子が電卓を叩きながら、「野菜が高くなったわねえ」と言うや、金子が「黙ってろ、この野郎」と一喝するシーンがある。このシーンもいいのだが、これとこれに続く前記のシーンにおいて、金子は安穏とした今までの生活から、決定的な生き方を選ばざるをえなくなるのである。この、潔いばかりの決断の描写こそが『竜二』を凡百の映画と大きく隔てているところであろうと思う。

『竜二』は個の燃焼度が、段階的に描かれていく点に新鮮味があった。ロー・バジェットであり、決して満足のいく俳優陣だったとはとても思えないが、金子正次という異能の才人が、孤高のふんばりでそこまで個の噴出を実現せしめた点において、特筆すべき作品だったと思う。盟友の監督・川島透が、新人離れのした演出力でその後押しをよくした。

因みにこの作品は、私の古い年長の友人たちである旧上板東映の小林紘や旧池袋文芸座の鈴木昭栄らが、様々な面でバックアップしたことも付け加えておきたい。

▼八四年……63点

【修羅の群れ】

★

監督：山下耕作　脚本：村尾昭
撮影：赤塚滋　音楽：木下忠司
出演：松方弘樹　鶴田浩二　丹波哲郎　若山富三郎　酒井和歌子
菅原文太　北大路欣也

ヤクザの立志伝である。これは『山口組三代目』(監督・山下耕作) にも共通する。『山口組三代目』は文字通り山口組三代目の田岡一雄が、本作は稲川会の稲川聖城がモデルとなっているために、そうした〝構成〟になるのである。ヤクザ映画の大きな変遷の中で、本作はかなり重要な位置付けにある。

周知のように、六三年に始まるとされるヤクザ映画の流れは、任侠映画から実録路線に移り、それ以降は大きな路線を作りえないまま停滞の時を迎えていく。任侠→実録の流れの中で、それに付随した様々なバリエーションのヤクザ映画、あるいはヤクザ映画まがいの作品も相当作られていくが、大枠で

松方弘樹と北島三郎

はこの任侠↓実録の流れで説明がつく。しかし実録路線が短期間で沈滞していく過程で、ここから様々なバリエーションの作品が出てきたのも事実だった。

『日本の首領《ドン》』シリーズ三作（監督・中島貞夫）に代表されるヤクザと政治・経済との関係を描いたもの。『冬の華』（監督・降旗康男）に見られた、文芸調のヤクザ映画。そして『修羅の群れ』『最後の博徒』監督・山下耕作）に象徴される〝ニュー〟実録路線もの。この三つの流れを、全て任侠映画の立役者であるプロデューサーの俊藤浩滋が製作している。つまり、『仁義なき戦い』の第一作目の製作にからんだもののもともと実録路線が肌に合わなかった俊藤が、ヤクザ映画の低迷期に入った七〇年代後半以降、次なる路線として製作しようとしたのが、以上三つの〝ライン〟だった。

俊藤は七三年、実録路線全盛時に、実録路線とは一線を画した『山口組三代目』をすでに製作していた。まぎれもない〝実録〟であるのに、『仁義なき戦い』シリーズなどの実録路線とは全く違った作品に仕上がり、この延長線上に『修羅の群れ』や『最後の博徒』が作られる。いわゆる任侠の美学を否定した実録路線にアンチの立場を貫き通した俊藤は、現役や伝説の大物ヤクザの生涯を描くことで彼のヤクザ映画に対する姿勢を鮮明にしたのである。

『修羅の群れ』は、任侠映画や実録路線を通過した後の、俊藤浩滋の起死回生の作品と考えられる。虚構に彩られた任侠映画でもない、殺伐とした人間関係が描かれる実録路線でもない、まさに等身大のヤクザが実在したモデルの上に描かれる。だから、非常に〝フラットな〟作品になったことは否めない。ただそこに行き着いた、パイオニア・俊藤浩滋の〝苦渋〟のようなものは、分かりすぎるほどよく分かる。八〇年代中期、二十年続いたヤクザ映画は事実上本作の俊藤の手によって、第一の幕が降ろされたとも言えるのである。

▼八五年……61点

■

【最後の博徒】

★

監督：山下耕作　脚本：村尾昭　撮影：鈴木達夫
音楽：伊部晴美
出演：松方弘樹　鶴田浩二　千葉真一　江夏豊　成田三樹夫
萬屋錦之介　泉谷しげる

戦後の広島抗争事件で有名な実在のヤクザ、波谷守之をモデルにした作品。演ずるは松方弘樹。広島・呉に生まれた松方は、地元の親分・梅宮辰夫の庇護のもとヤクザの道を進む。呉には梅宮に対抗する成田三樹夫を親分とする組があり、着々と地場を固めている。命知らずのチンピラ・千葉真一を鉄砲玉に仕立て上げるべく子分に取り入れた成田は、目の上のタンコブである梅宮を彼に狙わせる。これは未遂に終わるのだが、怒ったのは松方だ。

その松方を止めて成田のところに赴いたのが、梅宮の子分であるとともに、成田からも懐柔されていたキューピー・江夏豊。江夏は成田の子分・峰岸徹に逆に撃ち殺されてしまい、このあたりで梅宮―成田の対立図はいささか混沌の度合いを増してくる。そしてついに梅宮を射止めた成田側は、勢力を拡大しつつも成田にとっては、子分の峰岸がのさばってくるのを見捨てておけない。成田側は峰岸をも撃ち殺し、さらに服役から出てくることになった千葉を取り込んだ松方も巻き込んで、抗争は一段と激化していくことになる。

『仁義なき戦い』シリーズで描かれた広島の抗争劇と相当ダブる部分もあると思われるが、実のところ作品を観た限りではそのあたりはなかなか理解しづらい。広能昌三役の菅原文太が、本作では加納良三役の千葉真一、山守親分役の金子信雄が、本作では山辰親分役の成田三樹夫になっているらしいのだが、『仁義なき戦い』シリーズとはあまりにかけ離れた人物像のために、その共通点はあまりピンとこない。

要するに本作は、戦後の広島抗争事件を扱いながらも、あの『仁義なき戦い』シリーズとは似て非なる内容を持っていた。あえて言うなら、あの殺伐たる作品群に対してアンチテーゼを出してきた趣さえ

【最後の博徒】

松方弘樹と江夏豊

ある。主人公荒谷政之を演じた松方の役割は、抗争をいかにして収めるかというところにあり、これは広島の大親分・萬屋錦之介が成田対松方＝千葉の一触即発の戦いに仲裁に入ったことの延長線上にあると見ていい。

本作は、タイトルにある『最後の博徒』のとおり、まさに〝最後のヤクザ映画〟的趣を持っていることが非常に興味深い。もちろんこの後でもヤクザ映画は作られていくのだが、往年のヤクザ映画を支えた俳優たちが、大どころを押さえている作品としては、まさに〝最後の〟なのである。製作の俊藤浩滋は『修羅の群れ』とこの『最後の博徒』において、自身が先頭を切って作り続けた東映ヤクザ映画の流れに、事実上〝終〟の字を刻印したと言っていい。

▼八六年……………57点

【極道の妻（おんな）たち】

★

監督：五社英雄　脚本：高田宏治　撮影：森田富士郎
音楽：佐藤勝
出演：岩下志麻　佐藤慶　世良公則　かたせ梨乃　佳那晃子
成田三樹夫　竹内力　藤間紫

ヤクザ映画は、何といってもそこに描かれたヒーロー像が大きなドラマ的支柱であり、女性＝ヒロインの役柄は後年になるほどその存在が希薄になっていった。そこに現れたのがこの『極道の妻たち』で、ヤクザ社会における〝妻たち〟に焦点が絞られた。現実のヤクザ社会ではありえないことだろうが、〝妻たち〟の頂点に立つ本作の主人公・岩下志麻が、組織の跡目のイニシアティブを握り、そこで右往左往するヤクザたちを描くのが本作の見所である。

岩下は、刑務所に入っている親分の女房。本家の総長が亡くなったことで、跡目問題が起こる。本家総長夫人の藤間紫が跡目に指名したのが、幹部の岩尾正隆。これを気に食わない幹部の成田三樹夫は、別の組織を作って本家を離れようとする。成田は、実力者幹部の夫人である岩下を取り込もうとする。

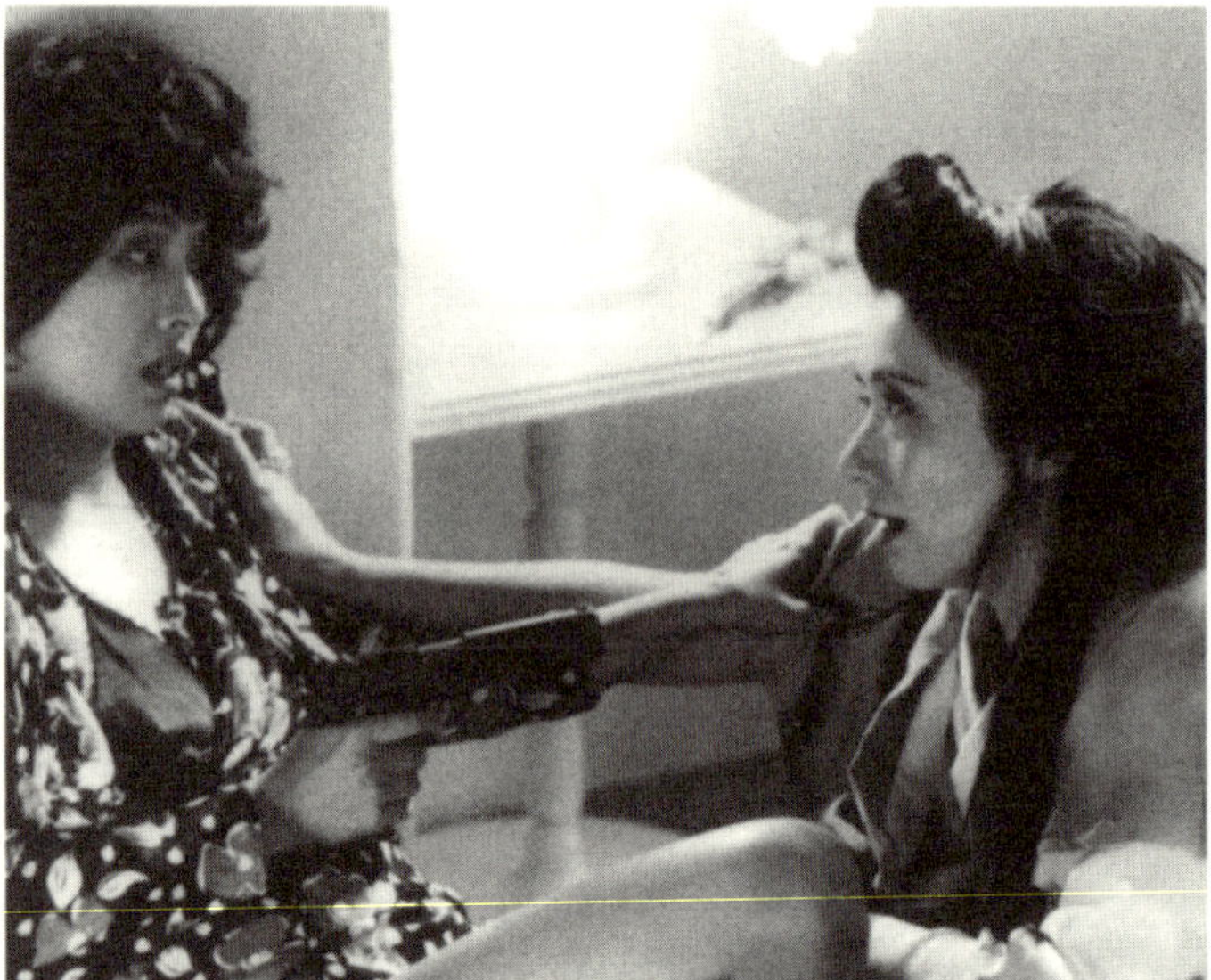

かたせ梨乃と岩下志麻

岩下は亭主が戻ってくるまでの猶予期間を持たせようとするが、これがうまくいかない。岩尾がヒットマンに殺され、跡目問題が混沌を極める中、岩下の亭主・佐藤慶が舞い戻ってくる。

　これと並行して描かれるのが、岩下の妹・かたせ梨乃と成田の子分・世良正則の〝ロマンス〟。かたせの裸もたっぷり見られるのが、本作の別の意味の見所だが、全体としていかにも五社演出らしいケバケバしい装いが、何といっても一番の見所だろう。岩下とかたせのくんずほぐれつの〝闘い〟も長い時間かけて撮っている。ヤクザ映画というより、〝妻たち〟〝女たち〟の〝競艶〟を楽しむ作品だろう。ただ相変わらずの奮闘ぶり見せる成田三樹夫の演技にだけは、毎度のことながら感服した。

▼八九年……………… 58点

【極道の妻（おんな）たち 三代目姐】

★

監督：降旗康男　脚本：高田宏治　撮影：木村大作
音楽：三枝成彰
出演：三田佳子　かたせ梨乃　萩原健一　丹波哲郎　成田三樹夫
坂上忍　加茂さくら　小西博之　西川峰子

　製作は八九年。前作、前々作がヒットして、この第三作目が製作された。十年ちょっと前だが、まだまだこうしたヤクザ映画が、バリエーションを変えながらも、ある程度のクオリティを保ち、安定した観客動員を果たしていたことにいささか驚かされる。ヤクザ映画の底力が、最後の光を垣間見せていた。

　全国最大組織を誇るある組の組長が病に倒れ、跡目問題が起こる。舎弟分の成田三樹夫、刑務所から帰ってきた幹部の萩原健一の二人が最有力で、両陣営に分かれて組は対立する。組長・丹波哲郎の夫人が三田佳子。まさに〝姐《あね》さん〟であり、組員の女房たちの信頼も厚い。三田は萩原とただならぬ関係にある。ついに丹波が死んだ。とりあえず、成田が組長代行になるが、萩原側は三田の力添えもあり、成

かたせ梨乃と三田佳子

田側と一触即発の事態を迎える。
私はこの作品の成田三樹夫に目を見張った。成田はいつも成田なのだが、本作の成田は跡目を狙うにしては、いつもの硬軟使い分けの演技の迫力がちょっとない。どたん場にきて、三田は丹波の遺書の存在を明らかにし、そこで成田は三田に言うのだ。「あんたは怖い人や、怖い人や」。さらに最後、その遺書はあろうことか、跡目が成田の指名になっており、怒った三田がそれを破り捨て、跡目の無効を宣言するや、成田は「あんたが赤松(萩原)を殺したんや。すべてをワヤにしたんや」とその場を去る。
このあたりの成田が、凄くいいのだ。完全に三田に食われているのだが、正直というのか、いささか権謀術数に欠ける己の心情をストレートに言ってしまうところが、成田のキャラクターと意外やマッチしていて、ホロリとさせられる。成田に反して、女にモテてる役回りが萩原なのだが、あまり生彩がない。七〇年代の彼の演技を引きずっているのが見えてしまって、ちょっとやりきれない。三田や近づいてきた女のかたせ梨乃とのからみに、嫌みなポーズが見えるのだ。
付け加えておくなら、この作品の大きな見せ場の一つに、かたせが萩原から経営を任された店に、三田らが乗り込むシーンがある。西川峰子、芦川よしみ、速水典子らの〝極道の妻たち〟も一緒で、ここでかたせ側のホステスを巻き込んで、大乱闘が繰り広げられる。いかにも東映らしいケバケバしさだが、何やら不思議な活力が感じられる。

【終　章『仁義なき戦い』から三十数年…ヤクザ映画は死んではいない！】

『仁義なき戦い　完結編』などの脚本家である高田宏治氏が旗揚げした製作会社のジャパン・アートが発足して、今年二〇〇七年が十年目にあたる。それを記念して製作されたヤクザ映画が、『県警強行殺人班　鬼哭の戦場』である。

この作品は、〇七年七月二十一日から公開された。こうした経緯は、よほどの映画ファン以外は、全く知らないことだろうし、映画そのものを映画館で観る人も、残念ながら非常に少ないことだろうと推測する。だからこそ、あえてこの場で触れようと思う。

『県警強行殺人班〜』は高田氏によれば、『仁義なき戦い』の世界をヤクザではなく、警察側から描いたものだという。この狙いに、私は大いに感じるものがあった。私は一目散に、上映している東京・六本木のシネマート六本木に赴いたのだった。

その前に、旧版のあとがきにぼんやりと書いたヤクザ映画への目覚めや思いを、さらにこの場で補足しておきたいと思う。それは当時はもちろんのこと、現在においても、映画に関わる私の立場と大いに関係があるからである。

私は常々、自身をヤクザ映画とピンク映画の申し子だと考えてきた節がある。本著の本文と旧版あとがきで何度も記してあるとおり、私が高校三年生のとき、大阪の梅田東映のオールナイトで観た『純子引退記念映画　関東緋桜一家』が、最初のヤクザ映画だった。この出会いは、いささかおくてであったと言っていい。しかし、ピンク映画に関しては、中学生のときから観ている早熟さだった。

その関心は、単純に性的なものから生まれていた。それ以外、考えられない。昔から、わかりすい男なのである。だから、ヤクザ映画よりピンク映画により早く目覚めたのは、当然の成り行きだった。

いちいちタイトルなど覚えてはいないが、例のパートカラー（女の裸のシーンになると、モノクロがカラーになる）を観たときの感動（！）といったらなかった。モノクロとパートカラーの対比が妙に淫靡で、妙にそそられたものだ。今観れば、乳房が見えるか見えないかといった全くとるに足らない裸のシーンだったろうが、中学生の性意識からすれば、それだけでも、とてつもないものだった。

アダルトビデオなどを見慣れている今の若い人からすれば、そうした〝牧歌的〟な性へのおののきは噴飯ものだろう。しかし、それはそれで、性との初歩の出会いとしては、なかなか味わい深いものだったと、今にして思う。

これから向かわんとする性の荒野（そんな、オーバーな、と言うなかれ）への入口そのもの。ストレートに何でも見えてしまうこの時代の性の氾濫と比べて、どれほど〝正しい〟性への入口だったことか。

ただピンク映画は私にとって、性への憧憬そのものであったが、別の見方をすれば、残念ながらピンク映画はその程度でしかなかったという言い方もできる。もちろんそれはそれで、うぶな中学生からすれば、非常に重要なことであったのだが、それは別のものに置き換えられることもできたわけだ。

昨年〇六年に亡くなられた実相寺昭雄監督の長編劇場デビュー作『無常』は、〝芸術ポルノ〟であったが、私はまぎれもないピンク映画として、一九七〇年に浜松の映画館で観た。

そのあたりの経緯は、『キネマ旬報』の連載「ファイト・シネクラブ」に記したとおりだが、要は私にとってピンク映画とは、それくらい自身の性意識と不可分であったということだ。

しかし、である。『無常』は、性意識でがんじがらめになっていた私に、それのみではない映画の全く未知な魅力を与えたのである。それは、入口は性的な関心であったかもしれないが、最終的な局面では、人間存在そのものに深く突き刺さっていく何ものかであった。映画にはときとして、一つの枠組み（ドラマ性、ジャンル性など）を超えたプラスアルファがある。そのアルファが、映画の魅力の大きなものなのだ。これが『無常』に、あった。

それは表層の性に対する深層の性の奥深さであったろうか。とともに、それはあるいかがわしさと境を接していた。同じ年、三島由紀夫が死んだ。映画と現実が、不可分の状態のまま互いの端緒をまさぐり合っているかのような稀有な瞬間を、私はその年、確かに実感した。その年、私は高校二年生だった。

この時期から、性と暴力が、私の内部でとぐろを巻き始める。性に少し遅れて、暴力へのいわく言いがたい衝動が起こり始めるのだ。その根っこにあったのは、現実への違和感そのものだったろうか。性と暴力。私の内部で、荒れ狂うドグマがその行き先を模索しつつ、それは明らかに映画の中枢部へ進路を向けていくのであった。

そこに、ヤクザ映画があった。

ヤクザ映画は、実録路線の時代になった。浪人に落ちぶれた真っ只中、深作欣二監督の『現代やくざ 人斬り与太』を一九七二年、歌舞伎町東映で観る。すべては、この作品から始まった。

この作品を観て、私は衝撃を受け、『キネマ旬報』の読者の映画評欄に投稿する。何と、それが掲載されたのである。この読者の映画評欄は、当時非常に活気にあふれており、そこに掲載されることは、大変な名誉であった。読者は、投稿を競い合った。編集長は、白井佳夫氏だった。映画を観て、批評を書くという私の日常が始まった。

ここからは、もうとどめがない。次から次へと登場する実録路線の作品を追いかけるようになり、その先に『仁義なき戦い』があった。このあたりは、旧版にも書いた。

一方に当時、絶頂期を迎えた日活ロマンポルノがあり、まさに性と暴力の映画はここに、一つの時代を作り上げていく。私は、両者に夢中になった。

さて、現代である。〇七年の七月二十五日、高田宏治脚本、宮坂武志監督『県警強行殺人班 鬼哭の戦場』を観るため、シネマート六本木に赴いた。

韓国映画をはじめ、アジア映画を中心に上映していく方針をとったこの映画館（全部で四館あるミニシアターだ）で、なぜヤクザ映画なのか。この五年の歳月は、ヤクザ映画からその行き場を消失せしめ、場当たり的な上映の領域へと追い込んだのか。

それはともかく、映画の出来には満足した。素晴らしいとさえ、言っていいと思う。それは、なぜか。まず、物語だが、戦後の昭和二十一年の広島が舞台である。冒頭のナレーションは、菅原文太が担当した。菅原のその声だけでも、わくわくするような出だしだった。

登場人物は、ざっとこうだ。復員兵の青年・渡辺大、渡辺に恋する子持ちの女・中丸シオン、広島中央署の刑事・松方弘樹、小さな孤児院を営む女・宮本真希、渡辺の実の父で、孤児院の世話係・左とん平、台湾ヤクザの親分・志賀勝、志賀と手を組む地元新興ヤクザの親分・曽根晴美ら。

高田氏が言っているとおり、『仁義なき戦い』の世界を、警察の視点から描いた作品であり、「新撰組的な」策謀のドラマとして見所満載だが、私は、それだけでは収まりきれないものを感じた。それは、戦後社会をのたうち回る秀抜な人間群像劇としての側面だった。

冒頭で、警官が殺される。米軍の占領下のため、いまだ警官は武器を持つことができない。相手に棒っ切れだけで応酬し、あっさり殺されてしまったのである。殺したのは、台湾のヤクザだ。

戦地で母と妹を亡くした復員兵の渡辺は、台湾ヤクザらと大立ち回りをするが、連れてこられた警察で、刑事の松方は、このままでは危ないと感じたのか、彼を何と警官にしてしまうのだ。この成り行きが、この作品を逆『仁義なき戦い』の劇としてしまう由縁である。

はみ出し刑事・松方の生き方が面白い。

「国は負けたが、俺たちはまだ戦っている。一人ひとりは、いずれ消えていくだろう。しかし、最後の一人まで戦い抜く」

こうした考えから、松方は広島の地にのさばる新興の台湾ヤクザに断固対抗していく。警察内部に、あろうことか松方は仲間を作り、まさに法の及ばないやり方で、敵を追い追いつめていくのだ。

クライマックスは、クラブに主要な登場人物が集まるシーンだろう。手を組んでいる志賀、曽根らのもとに、松方、老舗ヤクザの親分とその息子、渡辺らが、敢然と突入してくる。松方は志賀に言う。「密入国の容疑でしょっぴく前に、早くここから去れ」

志賀の論理は、こうだ。「われわれの同胞が、この国にどれだけいるのか、知っているのか」

松方は「悪をやっているのは、ほんの一握りの人間にすぎない。一匹ずつ片付けていくだけだ」と言い返すや、志賀はその迫力に恐れおののき、以降後退戦を強いられることになる。

この作品では、一人ひとりの俳優の素晴らしさも見逃せない。クラブのママを兼ねる宮本のふるいつきたくなるような色気。男と再会し、複雑な心境を吐露する女・中丸の切羽詰った思い。そしてベテランたち、志賀、曽根、刑事役の山本昌平、それぞれ、彼らのベストに近い演技だったのではないか。長年、彼らの演技を観続けた者として、こんなうれしいことはない。

監督・宮坂の演出に、いささかもけれん味がないのがまた興味深かった。深作のように、カメラを振り回したりせず、演技者も存在をギラギラさせたりしない。この醒めた演出がまた、この時代の空気と実に合っている気がした。悪くない。

だから、意外や映画で個のエネルギーが爆発することはない。個を押し出さんとする描写は、ただひたすらスタティックに進んでいく。一九七〇年代前半と二〇〇七年では、戦後のどさくさを描く演出の形が違っているというのは、当然なのである。そのことを、この監督は実によく知っている。

宮本の描き方（クラブのママと孤児院経営の二面性）など、納得のいかない箇所もあるにはあるが、この作品のあぶれものたちの戦後の劇はとても貴重だ。『仁義なき戦い』から三十数年。この時代にあっても、いまだ映画の原点を忘れてなるものか。この熱い精神が、今も息づいていることに、私は密かに感動したのだった。

二〇〇七年に、ヤクザ映画を観る。その行為が徒労に終わらなかった。それどころか、映画とこの時代の関わりにおいて、まだまだ一つの可能性が残っていることを実感して、私は素直にうれしかった。

映画は、死んではいない。ヤクザ映画は死んではいない。映画にあるプラスアルファがつまり、死んではいないということだ。

性と暴力。映画の限りない魅力の一つならぬ二つがこれだが、双方を描く映画が時代から取り残されて久しい。その過酷な現実と向かい合いつつ、時代の隙間からあふれ出さんとする過激な精神のありかを、それこそ自身の嗅覚と足で探し続けていくこと。そのことの再確認が、『仁義なき映画列伝』の増補新版の原稿を書くにあたって、今回改めてできた。もちろん再確認ばかりしていては、何ほどのこともない。今回の手がかりをきっかけに、まさに映画の可能性と不可能性に向かって、己が進路を見定めていくのだ。

旧版あとがき

東映ヤクザ映画について、いつか何か書いてみたいと前々から思っていた。それとともに、未見の東映ヤクザ映画で観てみたいものがたくさんあった。本著は、その両方を満足させることで成立した。ずいぶんとぜいたくな欲望に貫かれた本ができ上がったものだと、我ながらびっくりしている。

実は私は、六〇年代の東映ヤクザ映画は封切り時には観ていない。本文中にもあるように、七二年に『純子引退記念映画　関東緋桜一家』を観たのが、私にとっての初めての東映ヤクザ映画であった。ただこの作品には何故かしっくりしない思いがあった。はっきり言って、失望したのである。

『関東緋桜一家』は、大阪の梅田東映でオールナイトで観た。いろんなシーンで、客席から声がかかっていた。おそらく、東映ヤクザ映画のファンである観客たちは、この作品がどんな意味を持っているのか、充分すぎるほど分かっていたのだろう。「純子引退記念映画」。この故に、ある種の訣別の情から、何やら東映ヤクザ映画をいつくしむような声が放たれていたのである。

ただ、それまでの東映ヤクザ映画を封切りで観たことがなかった私は、がっくりした。その生ぬるい描写に唖然とした。ヤクザ映画って、こんなものなのか。しかし私はそれで東映ヤクザ映画を観なくなったわけではなかった。自身の内部から突き上げてくる暗い情動が命じるままに、東映ヤクザ映画をその後観続けていくことになるのだが、その過程に深作欣二監督の一連の作品があったのだ。

それらの作品は、実録路線と呼ばれた。自身の感性とフィットした。荒ぶれる魂。大学の授業もつまらなく、友人関係もしっくりこず、女ともうまくいかない当時の私は、まさに実録路線で描かれていく登場人物たちの荒ぶる魂に、自身の生《せい》の根拠を見出した。逃避だったかもしれない。体のいい、カッコ付けだったかもしれない。

日常のどうしようもないダルさから脱出するように、実録路線を私は観続けた。深作自身も言っているように、その期間は短かった。当たり前である。あのような殺伐とした、夢もロマンもない作品群が長続きするわけがない。にもかかわらず、というよりだからこそ、それらの作品群は私にはかけがえのないものだった。

同時代に観た映画は、当人にとって非常に印象深いと言われる。これは過去の名作群をビデオなどで後年観て、〝好事家的〟〝アカデミズム的〟に賞揚、分析するのとはわけが違う。観た当時の自身の様々な思いが、そこでは大きな意味を持っている。作品の完成度など、そこでは何ほどもない。

一〇〇本の東映ヤクザ映画を本著に収めるにあたっては、以上のような私の〝事情〟が大きく反映している。実録路線になると、筆致が高ぶっていくのはそうした〝事情〟の故である。しかし、だからといって非実録路線の作品に高揚しなかったかというと、そんなことはない。同時代に引っかからなくても、私の心を捉えた作品は確実にあった。

ただ何と言ったらいいか。一連の、同時代における名づけようのない精神の運動のようなもの。これが実録路線にはあって、私という、これも名づけようのない一人の個と同時代的に共鳴しあったこと。ここだけは、どうしてもはずせなかったし、これこそが私にとっての映画の尽きぬ魅力であったのだ。

東映の資料によると、一般に東映ヤクザ映画と言われている作品は、全部で四〇〇本近くあった。その中の、四分の一程度の作品を今回取り上げてみたが、もちろん東映ヤクザ映画の全貌をここで総ざらいしようなんて魂胆はさらさらない。その程度の本数でそんなことはできるはずもなく、だから本著から浮かび上がってくるのは、東映ヤクザ映画のほんの部分的な姿と、前述した私自身の〝事情〟ということになるだろう。

京都で学生のころ、東映映画に〝出演〟したことがあるという鹿砦社の松岡利康社長の英断がなかったら、本書の成立はなかった。対談などで小野登志郎君、装丁・レイアウトなどで西村吉彦さんに手をわずらわせた。そして次回作の準備で忙しい中、話を聞かせていただいた深作さんにはただ一言。監督、有難う。ひとかたならぬ協力を仰いだ東映関係者にも、この場を貸りて感謝の言葉を述べておきたいと思う。

東映ヤクザ映画は、まだまだ未知、未開の分野であり、論ずべきことが埋もれている日本映画の宝庫である。本著はその端緒となるべく世に送りだされたと、不遜ながら言ってしまおう。これがきっかけとなって、東映ヤクザ映画が映画館や様々なメディアで観られる機会が増えれば、それに越したことはないと思っている。

二〇〇一年のクリスマス前夜に

大高宏雄

増補新版あとがき

『仁義なき映画列伝』旧版出版から五年、映画をめぐる状況の変化

本著の旧版を出したのが、二〇〇二年の二月。その後、深作欣二監督が、〇三年一月十二日、亡くなられた。本著における私との対談、さらにその続きとして行われた池袋・新文芸坐での対談（〇二年五月）と、まさに監督のほぼ公の場における最後の言葉を、私はじかに聞くことができたのだった。

補足しておくなら、私事であるが、私の父も〇三年の五月五日に亡くなった。不思議なそのめぐり合わせに、複雑な思いをそのときに抱いたことを思い出す。

旧版から五年。社会の変動はもちろん、人々の生活、ものの考え方、様々な領域で大きな変化が起こっていた。たった五年と言うが、この五年は日本という国にとって、とてつもない変化を強いたのではないかと思う。私にとっても、自身の生の形、職業的な意識、表現活動などをめぐって、根本的に考えを改めさせるほど重要な歳月であった。

社会と個。この関係性において、その渦のなかでもがき、あえぎ、浮遊するがごとき己の姿があった。映画との関わり方も当然、揺るがざるをえなかった。

己は、何者なのか。生活は、どうなのか。他者との関わり方は。何ができるのか。できないのか。そして、映画は、どうなっているのか。

そうした問いとともに、いくつかの映画に関連する活字の上で、私はいっぱしの意見を述べ、

ときに社会評論家のような言い回しを得意気に連ね、映画界のご意見番のごときポーズさえ見せてきた。

映画の中身について論を展開することは、私の場合、非常に限られた。そういう要請が少なかったこともあったろう。だから、映画ビジネス論、興行論、状況論が多かった。『仁義なき映画列伝』を出版したにもかかわらず、だ。

客観的には、それはどう映っていたか。がんばっているつもりでも、裸の王様ならぬ、裸のジャーナリストでなかったと、言い切れることができるだろうか。

その間、映画についての批評、評論は、その様相を大きく変えていき、そのありようはほとんど崩壊状態と言っていいのではないか。

こうした映画界、映画ジャーナリズムのなかにいるのが、今の私だ。これは、疑いようもないのである。こういう言い方自体が不遜だという言い方もあるが、それはさておき。

『仁義なき映画列伝』は、幸福な書物だった。まさに無垢に書くことができたという意味で、幸福だったのである。作品がある。それに素直に向かう自分がいる。何と、幸せなことだろうか。九〇年代末から二〇〇〇年にかけて、そういうひとときがあったということを、今は素直にかみしめるばかりだ。

ただ思うに、この五年という歳月は、その無垢性をどこかで追いやっていく日々だったのではなかったか。その地点（無垢性）にいることの哀しさ、孤独感から離脱したい。人は、『仁義なき～』の世界に、永遠に浸りきることができるわけではないからだ。

しかし、とさらに続けるなら、『仁義なき～』の映画群は、私のなかで血肉化し、身になり、その成分を体に充満させながら、それをバネにこの世界と対峙してきたことも事実なのである。

ここは、忘れてはならない。原点はここなのだ。

その映画群を、現在進行形のドグマの噴出として、何とか捉えてみたいと考える。それはこの時代と、どう関わりを持つことができるのか。ここを無視して、ヤクザ映画もへったくれもあるものか。そのために、ではいったい何をなすべきなのか。そういう地点に、今の私はいる。

もう一つ、この場で指摘しておきたいことがある。映画を観る環境の酷さである。私はこの五年、新宿昭和館が閉館したことが、映画を観る環境において大変な損失であったと、何度痛感したことか。

あれは、夢の映画館だったのか。往年のプログラムピクチュアを、恒常的に観ることができなくなったこの時代は、後に続く映画に意識的な人たちにとって、本当に生きにくい時代になったと思う。この問題も、じっくり考えないと。

私は映画と関わる。映画と生きる。過去と現在。この両者を行きかうなかで、私は映画を観て、映画の場を見て、映画を語る。さて、これから映画はどうなっていくのか。見届けざるをえない。

なお増補新版にあたっては、指摘を受けた明らかな間違い箇所は訂正した。また、谷岡雅樹が旧版の書評（キネマ旬報）において、間違いもまた批評の〝手の内〟であるというような大胆な指摘をしてくれたことに甘え、あえて間違いをそのままにしたところもあることを付け加えておく。

二〇〇七年猛暑の夏に

大高宏雄

［追悼］高倉健さんと菅原文太さん、本当にありがとうございました

わが二つの思いから東映ヤクザ映画を今語る

二〇一四年末、高倉健さん、菅原文太さんが相次いで亡くなった。健さんは、十一月十日に亡くなり、八日後の十八日に公になった。文太（さん、では似合わない）は、十一月二十八日に亡くなり、十二月一日に公になった。健さん八十三歳。文太八十一歳だった。驚き、衝撃、悲しみと、いくつもの感情の波が押し寄せ、それが引くと、別の感情が、またひたひたと覆いかぶさってきた。私の映画人生と、とても大きくかかわってきた俳優の死だけに、思考停止とまではいかないが、私の内部で何かが大きく揺さぶられたのである。二人の死が公になった日、私は自身のツイッターで、次のような文章を載せた。

「亡くなられた高倉健さん。涙はないが、代わりに大きな動揺がきている。小津映画のように、時が経って嗚咽が染みてくるのか。それではまるで、肉親と同じだ。代表作がどれなんて、挙げられるわけがない。健さんは、映画という虚構の大河のなかで、ひたすら高倉健さんだった。こんなことが、今の世にあり得たのか」

「亡くなられた菅原文太さん。一九七二年、ハラワタにどうしようもない鬱屈をかかえた俺は、歌舞伎町で『現代やくざ　人斬り与太』という映画と運命的な出会いを果たす。震えがきた。映画のままに、俺の体を爆発させてくれい。文太兄イ、と呼んでみる。叫びではない。感謝の気持である。ありがとう」

わが胸中に押し寄せた感情を、何の細工も技巧もなく書いてみたら、こうなった。今、ここで

書き写してみて、二つの文意はそのまま、二人の俳優の資質について語っていることに思いが至る。「虚構の大河」と「爆発」という言葉が、それだ。「虚構の大河」とは、健さんの存在感が、個別の作品ではなくて、彼が出演したおびただしい数の映画の大河のような流れのなかで醸成されたことを示す。その原点に、任俠映画があった。「爆発」とは、任俠映画の定型を壊した実録路線における文太の存在感を表す。その壊し方に、「爆発」という言葉で表現したい彼の資質の一端があった。

これは、今から十三年前に出版した本著の構成とも、大きなかかわりをもつ。〝『仁義なき戦い』以前〟、〝『仁義なき戦い』以後〟と区分けして、東映ヤクザ映画の流れを表現したのだが、その区分けがそのまま、以前（任俠映画）＝健さん、以後（実録路線）＝文太の時代に色分けされることに思いが及ぶ。その区分け方が、相次いだ二人の俳優の死によって、一段と強く認識されたのだった。

今回、私がとても注目したことがある。健さんの死をめぐってマスコミが流した情報量の厖大さである。これは、映画俳優のみならず、一人の日本人の死としてみても、まずはありえないような厖大さだったと言っていい。もちろん映画だけではなく、私生活の報道もあったわけだが、それを促したものは、まぎれもなく東映ヤクザ映画の存在であった。

本著の序章に書いた「大衆訴求力」という語を、ここで改めて引き出してみる。健さんに関する厖大な情報量の束を生んだ背後にあるものこそ、この「大衆訴求力」だと思われるからである。任俠映画を出発点にした健さんが放ち続けた「大衆訴求力」。これが、脱任俠映画後も、奇跡的な持続力を維持しつつ、この現代までを串刺しにするほど圧倒的だった。言葉を換えれば、健さんが発する大衆受けする情感の度合いが、過去と現在を通底するほど強力だったと言えようか。

その理由は、序章に記してあるので、参照してもらいたい。

本著は周知のように、東映ヤクザ映画への私のある思い入れが、はなはだしく強い。〝以前〟の任侠映画より、〝以後〟の実録路線のほうを、異様に高く評価しているのは、衆目の一致するところだ。この偏った見方に関して、ふざけるなという任侠映画ファンの方もいたと思う。勝手な言い草を許してもらえるなら、それは大目に見てもらいたいのだ。深作欣二監督が演出した菅原文太主演の作品への強い思い入れこそが、本著執筆の大きな理由だった。映画とは、その作品が生まれたばかりの同時代に観ることの意味が、何より大きい。さきのツイッターで、『現代やくざ　人斬り与太』へのいささか度を越した私の偏愛ぶりを紹介したが、その言葉に嘘偽りはないのである。とともに、それは本著の各文章を読んでもらえば一目瞭然だろう。

では、健さんの死をめぐる膨大な情報量と比べて、文太の場合はどうだったか。明らかに、健さんとは違っていた。別に違っても全く構わないのだが、二人の死をめぐって、マスコミの背後にいる人々＝大衆の関心のあり方に、明らかな違いがあったことは認めざるをえないのだ。〝以前〟＝任侠映画と、〝以後〟＝実録路線の違いが、二人の死を介したマスコミ露出のありように象徴的だった。それは、健さんと文太という俳優の資質の違いが導いたものでもあったのである。

そのあたりのことについては、「大衆訴求力」をめぐって、序章に予見的に書いてある。もちろん、マスコミ露出の多寡が、俳優の優劣や価値を決定するものではない。当たり前である。ただ、健さんの死の報道ぶりのなかに、日本人が愛し続けた物語の祖形としての任侠映画の核部分が、確実にあったことだけはここで強調しておきたい。とともに、それは東映ヤクザ映画の真髄を知る上でも、とても重要な意味をもつ。

それは、日本人の原像のようなものと、東映ヤクザ映画が深くかかわっていると思われるからに他ならない。礼儀正しく、正義感や忍耐力、道徳観が強い。涙もろく、他者を尊ぶ。もちろん、今では誰もが日本人は変わってしまったとの認識をもっている。だが、だからこそ、見えなくなった日本人の原像は、今の時代に強烈に待望されているとも言える。日本人の原像への憧憬が、かつて以上に強まっているのだ。その待望論、憧憬が、健さんの死を報じたマスコミの対応のなかに見ることができる。

東映ヤクザ映画は、むろんのこと虚構である。虚構だからこそ、人々の思い入れが凝縮されて、そこにいかようにも反映される。健さんは、その虚構性を、この現代においてさえも強烈に身にまとい、この世を去って行った気がしてならない。虚構のなかで連綿と表現されてきた日本人の原像のかりそめの姿が、健さんの死の報道によって、今の世に放たれた。かりそめだからこそ、人々の心に強く食い込んでくるのである。

二つの思いが強くある。何度も書いたように、東映ヤクザ映画は、〝以前〟と〝以後〟で、明確に分かれる。私は、本著で後者を強烈に押した。これに、嘘偽りは微塵もない。だが、前者のありようは、同時代の映画の見方を強調した私の立場を超えて、人々のなかで様々に影響を与えている。この二つの事態を、任侠映画と実録路線の双方からうかがうことができる。同時代の個人的な経験と、それを超えた大きな時空のなかで広がりを見せる映画の宇宙の二つに、今の私の気持は引き裂かれているのである。

高倉健さんと菅原文太さん。かつて、こんな本を、無我夢中で出すことができました。そして今、その発端にあった執筆理由の地点から、遠くへ行こうとしているわが思いも育んでくださいました。本当に、本当にありがとうございました。

二〇一四年十二月　　　　大高宏雄

大高宏雄（おおたか・ひろお）
1954年、浜松市生まれ。明治大学文学部仏文科卒業後、（株）文化通信社に入社。同社特別編集委員、映画ジャーナリストとして、現在に至る。1992年から、独立系を中心とした邦画を賞揚する日プロ大賞（日本映画プロフェッショナル大賞）を発足。2014年で23回目を迎えた。

現在、キネマ旬報に「大高宏雄のファイト・シネクラブ」（2012年度キネマ旬報読者賞受賞）、毎日新聞に「チャートの裏側」、日刊ゲンダイに「エンタメ最前線」などを連載している。『興行価値—商品としての映画論』（鹿砦社）、『ミニシアター的！』（WAVE出版）、『日本映画への戦略』（希林館）、『仁義なき映画列伝』『同・増補新版』（鹿砦社）、『映画業界最前線物語　君はこれでも映画をめざすのか』（愛育社）など著書多数。
ツイッタ—・アカウント @ Hiroo_Otaka

[編集部注] 2014年12月現在でDVD化された作品には、タイトル左下に★を入れ、読者の購入の便を図った。

[復刻新版] 仁義なき映画列伝

2002年２月１日初版第１刷発行
2007年９月20日増補新版　発行
2015年１月20日復刻新版　発行

編著者：大高宏雄
発行者：松岡利康
発行所：株式会社 鹿砦社（ろくさいしゃ）
〈本社/関西編集室〉兵庫県西宮市甲子園八番町2－1－301
TEL 0798－49－5302　FAX 0798－49－5309
〈東京編集室〉東京都千代田区三崎町3丁目3－3－701
TEL 03－3238－7530　FAX 03－6231－5566
URL　http://www.rokusaisha.com/
E-mail　営業部◎sales@rokusaisha.com
編集部◎editorial@rokusaisha.com

装　丁・レイアウト：西村吉彦
写真提供：東映株式会社
印　刷：吉原印刷株式会社
製　本：株式会社 越後堂製本

落丁、乱丁はお取り替えいたします。お手数ですが、本社までご連絡ください。
ISBN978-4-8463-1039-4　C0074